牛込覚心 著

「お寺さん」出番ですよ

国書刊行会

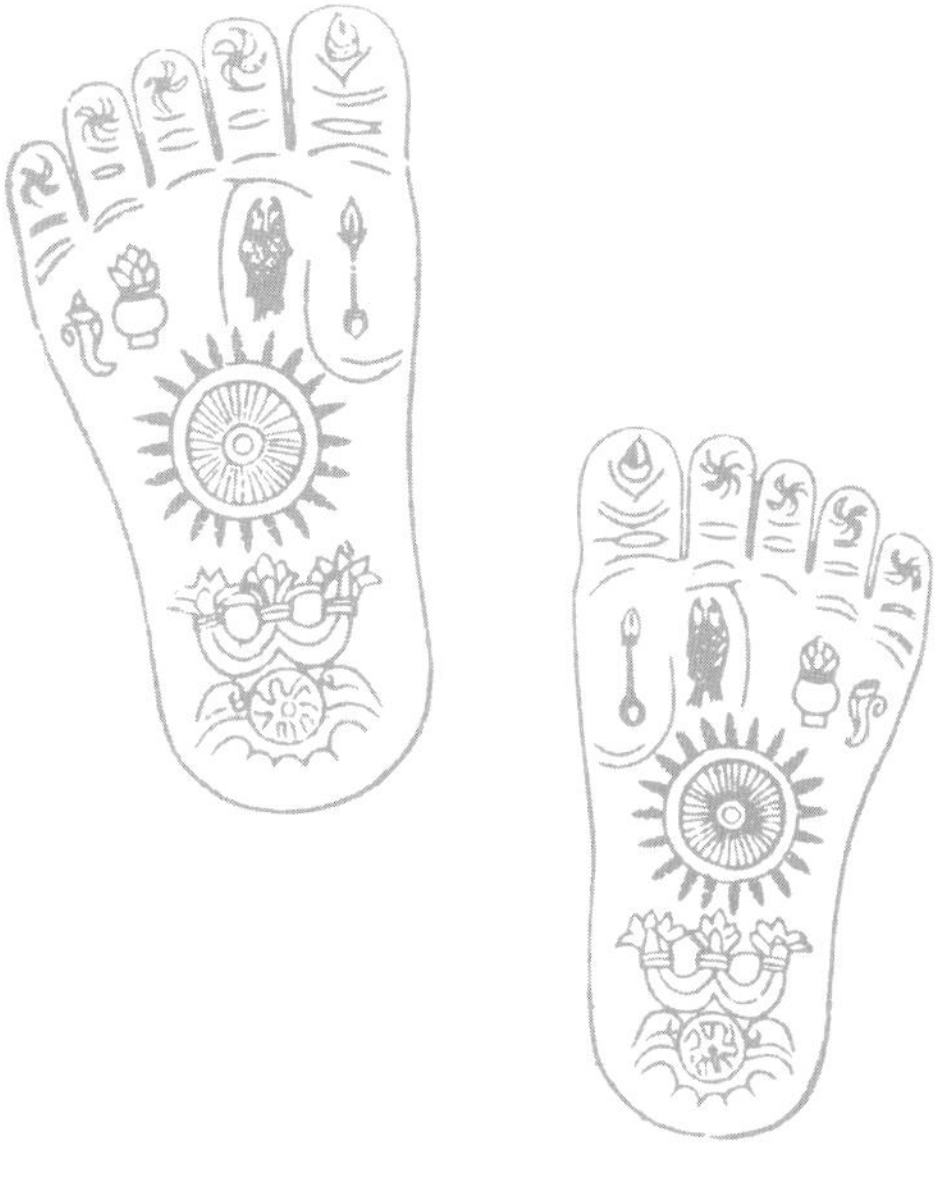

はじめに

友人の医師から聞いた話である。

「問診」を五分以上やっていると、いつの間にか、会話は病気のことではなくて、「人生相談」になってしまう、という。

問診は、一、二分もあれば十分なのだということだ。

ところが、寺院に相談に来る者といえば、葬儀・法事・お墓の相談か、「霊魂」に関する相談か、もしくは、「人生相談」である。しかし、これを一定時間以上やっていると、今度は、「病気の相談」、「健康の相談」になってくるのである。

ちょうど医師と逆の現象が生じてくる。

今は亡《な》き勝新太郎さんと、ハワイで一緒にいた時のことである。

「和尚、坊さんの一番の仕事は、何だい」

「一番の仕事？」

「そうだよ」

「まず葬式・法事、次に檀信徒の話し相手になることだね」

「どっちが難儀《なんぎ》かね、和尚」

「檀信徒の相談相手の方が、大変ですよ」

「どんな相談ごとだい、多いのは」

勝さんは、私を和尚と呼んでくれていた。二人で木陰の長イスに横になりながらの会話だった。ハワイの海風が心持良く吹いていた。勝さんに言われるままに、寺での日頃の相談ごとを話した。いずれも具体例だから、面白い話も深刻な内容もあった。じっくり耳を傾け、聞いていた勝さんが、

はじめに

「和尚、そりゃ、〝愚痴聞き屋《ぐちきや》〟だな」

と言った。私はビックリした。

「そうだよ。そりゃ、相談なんてもんじゃないね。ほとんどが愚痴《ぐち》だな。和尚は檀家の愚痴を聞いてやって、人助けをしてるんだよ」

「そんなこと言われると、照れるね」

「いや、間違いない。立派な、〝人助けの愚痴聞き屋〟だ」


勝さんには、〝勝新太郎語〟と言える独特な表現が多い。自分の感覚を大切にして、手垢《あか》のついた世俗の常識的な用語を、軽々と超えてゆく。見事なまでに、感覚に忠実な表現の妙である。

「ところで、愚痴聞き屋で難しいことは何だい」

「聞くこと、じっと相手の話を聞くことですね」

「そうか、役者と同じだな」

「？」

「役者で肝心《かんじん》なのは、成り切ることだ。映画でも、舞台でも、振られた役に成り切るのが難しい」

「座頭市なら、座頭市に」

「そうだよ、徹底して成り切る、一〇〇パーセントなんてもんじゃダメだ。二〇〇パーセントにも、三〇〇パーセントにも成り切ることだ」

「体のどこを切っても、座頭市ってくらいに」

「和尚、良く言った。その通りだ。坊さんも、〝人助けの愚痴聞き屋〟に成り切る覚悟が一番だな」

勝さんの激励とも思える言葉が、潮騒《しおさい》とともに、今も鮮やかに耳に残っている。

かつての仏教寺院が、一般庶民から求められていたものは、「治病」「招福」「葬儀」であった。それが現代では、非難がましく「葬式仏教」「葬式坊主」などと言われて久し

い。私は以前に、

人は必ず死ぬ。死ぬと葬儀をする。

どうして葬儀をするのか。

葬儀のとき、なぜ、僧侶が必要なのか。

僧侶にとって、「葬式坊主」は誇りの言葉だ。

僧侶をおいて、誰が死者に引導を渡せるのか。

人の死にまつわるもののなかで、永遠に変えてならぬものは、死者の霊魂を鎮魂し、浄化し、癒《いや》し、供養することだ。


と、述べた（『葬式の探究』平成一〇年、国書刊行会刊）。その気持ちは今も変わりがない。

確かに、明治以降、近代的な法制度も整備され、医療は医者の仕事となった。寺院・住職が医師免許なくして、医療行為をするわけにはいかない。

けれども、私は勝さんの言葉に勇気を得て、熱海に「願行寺」の「よろず愚痴《ぐち》聞き相談所」という別院を設立し、具体的な活動をはじめて、七年がたった。予想をはるかに上まわる反響を得ている。

身心の不調に悩む人のなかで、現代の医療では快癒《かいゆ》できない人が多い。これらの人びとが「愚痴聞き」を通して、癒《いや》され、元気を取り戻し、安心《あんじん》の日々を得てゆく姿を目にする時、新たな住職道の実践の場が開いていくのを、痛感する。まさに、

「住職・副住職、出番ですよ」

という活躍の場である。

そして、常日頃、気にしているのは副住職たちの苦闘の姿である。伝統を維持し、継承するためには後継者がどうしても必要である。副住職は仏教の次代を担《にな》う大切な後継者である。これら副住職の若々しい活躍なくして、仏教の明日《あす》はない。

世襲による後継者へのバトンタッチが寺に定着して久しい。以前であれば、弟子の多く

は在家から出家し、寺の師のもとに来た。そして初歩の初歩から師弟教育された。この師と弟子の緊張ある関係が基本であったから、所作《しょさ》をはじめ万般にわたることも、弟子の練達を待って継承させていけば良かった。達せざる者、努力せざる者は自ずと師の前を辞することもあった。

今は違う。多くは生まれながらに寺の子であり、弟子にして息子である。ぜひとも、寺を継承してもらわねばならない後継者なのだ。

副住職の立場に立ってみれば、学校を卒業し、修行道場等に行き、帰山すると、若い副住職の座につく。そして副住職の期間は、昔に比較して、はるかに長い。その長期間のなかで、

「副住職は、やり甲斐のあるものだ」

と胸を張って寺務に精を出してゆかねばならない。心ある副住職の多くが、自ら研鑽し、やり甲斐のある道を求め、苦闘しているのが実状である。

私は本書のなかで、副住職にエールを送りたい。

副住職の生き甲斐、やり甲斐に通じるものを提示したい。
それは、私の体験した実例をもとにして、かつて仏教寺院や住職・副住職が担《にな》っていた役割のなかでも、とくに「寺院でできる治病の実際」を具体的に示したいと思うのである。

平成一五年五月

願行寺にて

牛込　覚心

目次

付録　副住職（若住職）のための『醫法師養成塾』構想

一　誇り高い「愚痴聞き屋」のすすめ

1　寺院が庶民から求められていたもの

かつての仏教寺院が、一般庶民から求められていたものは、
（1）治病……気の迷いなど広い意味での「病《やまい》」を治すこと。
（2）招福……災いを転じ、幸福をもたらすこと。
（3）葬儀……死者の霊をとむらい、供養し、生者の心を癒《いや》すこと。
であった。

この点については、

庶民が仏教にもとめているものは、①葬祭、②治病、③招福、の三つである。歴史

的にみれば、まず治病、つぎに招福、一五世紀ごろから葬祭という順序になる。そして葬祭化してはじめて、仏教は庶民の信仰を独占することに成功している。ところで、現在の仏教においては、治病・招福の面が相対的に弱化し、葬祭一本といっても過言ではない。（圭室諦成著『葬式仏教』・大法輪閣刊）

と示されている。この「治病・招福・葬儀」のうち、現代ほど葬儀・法要が中心となった時代はない。それでもそれは、

近ごろは新しがりの僧がいまして、宗教あるいは仏教というものは、死んだ人のためではなくて、生きている人のためにあるということをいいますが、宗教はまず死んだ人のためにあって、二次的に生きた人のためにあります。生きたことの心構え、死を予想した一つの心構えが、生きた人の宗教というものだろうと思います。死んだ人をほったかしていいというわけではありません。（五来重著『先祖供養と墓』・角川書店刊）

と、指摘されるように、重要な役割を担っての、意義のある葬式仏教の形である。

歴史的に見れば、求められていたものは治病であったことは、まぎれもない事実である

ことがわかる。身心の安寧を得る上で、寺院・住職の役割は大きかったのである。

そもそも大陸から渡来した仏教は、当時の世界の最先端の知識であり、技術であった。明治維新における欧米に相当しよう。最先端の総合的文化である仏教の中には、医術も含まれており、仏教を受け入れた人々にとって、限りない魅力であったと思われる。

2　医療行為と放任行為

「治病・招福・葬儀」を求められていた仏教の、現在の状況はどうかと言えば、ほとんどが、（3）の「葬儀」のみということになってしまう。

（1）の「治病」は、〝医師〟の仕事になっている。きちんと法制化もされており、医師免許もなく、病院、医院の許可もない寺院には、手の出しようのないことになっている。

日本は法治国家であるから、法律は守らなくてはならない。

病気・怪我・体調の維持ということで言えば、医師（歯科医も含む）以外で治療できるのは、「三療」と呼ばれる、〝あんま〟〝鍼〟〝灸〟である。これは「治療院」を開設したり、ホテル、旅館、一般家庭に出張して仕事をすることが出来る。

それと、以前は接骨院と言っていた骨つぎがある。これは、古くは「名倉」と言っていたが、現在では、柔道整復師という免許になっている。

独立出来るのは、「医師（歯科医）」「三療」「柔道整復師」の三種だけである。

これとは別に〝薬剤師〟が、薬局を出すことが出来るが、薬局は、〝大衆薬〟以外は、医師の〝処方箋〟にしたがって調剤することが必要である。医師、三療、柔道整復師と、医師の補助役をする看護士、レントゲン技師、その他の仕事は、医師の指示にしたがって、各々の役目をするので、〝コ・メディカル〟と呼ばれている。これらの人々の免許は、医師法によって定められており、〝薬剤師〟は薬事法によって定められている。これ以外の医事行為は、医事類似行為という法律の違反になる。

このため〝整体師〟などというのはまぎらわしく、公的免許では載っていない。法律が改正していれば別だが。

本来、治療出来ないけれども、町のいたるところに看板を見たり、新聞広告も見ることがある。なぜ出来るのかと言えば、〝医事類似行為〟の中に、放任行為という項目があるから、可能となっている。

この〝放任行為〟には二種類あって、

（1）無害有益のもの
（2）有害無益のもの

がそれに当たり、整体師は、この第一項に該当しているので、役所が〝放任行為〟をさせているのである。事故を起こしたら、第二項に、すぐに該当してしまう。

これでは、寺院が「治病」に手を出すわけには行かない。

しかし、昔からのイメージというものは恐ろしいもので、寺院に相談に来る人というのは、高い比率で、体の不調を訴え、

「どうしたら良いんでしょう、和尚さん」

という人が多い。

もちろん私の寺にも、そう人がたくさん来る。以前、私は原則的に、

「病院に行きなさい」

といって、病院を紹介してあげていた。

相談に来る人というのは、もう、たいていは何軒かの病院をハシゴしてから、最終的

に、お寺に来る人が多い。お寺に来るのは、白骨か、霊魂ぐらいかと思っていたら、そうではない。生身の人間が相談に来る。

来られても、体のことは、法律がある以上、寺ではいじくりまわすわけにはいかない。

一般的に言えば、お寺で出来ることは、「法事の相談」と「人生相談」ぐらいまでである。特別な例で、

「霊魂が憑いたから、祈禱してほしい」

というのがある。

だが、やみくもに〝ご祈禱〟するわけにもいかないから、祈禱の理由を聞いていく。するとこれが、たいてい〝心因性〟の病気に近い状態で、霊の正体は〝ストレッサー〟で、ストレスに潰《つぶ》された状態が多い。

ストレスは、バカに出来ないものである。

3　三分診療の真実

診察室に、患者さんが入ってきて、医者は問診をはじめる。もっとも、医者は、患者が診察室に入ってきた瞬間から、もう診察を始めていて、肌の色や、艶、張り、眼の輝き、歩き方、手の動きなどを瞬時に観察する。

その上で、患者に体調などを訊《き》く。患者の声の出方でも、診察しているわけだ。

さらに、色々な検査を医学的に行う。血液検査、尿の検査……すべてがチェックされ、コンピューターに打ち込まれていく。

さらに必要なら、レントゲン、ＭＲＩ、エコー、胃カメラと最新設備を駆使して、何でも調べてしまう。

それで診断をする。

これに比べて、危ないのが素人診断である。

『家庭の医学』だとか、テレビの情報などをもとに、

「ああ、私って癌なんだわ。きっと大腸ガンだわ。病状がテレビと同じだもの……」

などと勝手に思って、決めつけてしまう。情報が興味本位にしかも脈絡なしに雑多に流されている時代なので、自分で自分を診断してしまい、

「もう死ぬんだわ」

と思いこんでしまう。人は時に病気になりたがる傾向があるものだ。けれども、お腹《なか》が痛くて膨満感があるのは、ただの便秘ということもある。医師に、そう診断されて、ガッカリした人がいる。安直な素人診断はやめて、専門家に診て貰うのが一番良い。

「便秘です」

「そうですか……」

と医師が診断したら、

「便秘のクスリを出しときます」

と言って、通常、アローゼンという薬が出る。センナという漢方が入っていて、おだやか

に効く。

だから安全なのである。

いきなり強い作用をもつ薬を服用して、効きすぎて水便になったら困る。そのへんは医師も考えている――。


医師の問診は、よほど特殊な病気じゃない限り、一分もあれば充分にわかるものである。でも一分じゃ短すぎるから、血圧を測ったりして、あと二分ぐらいサービスする。

世間では非難がましく、三分診療というけれども、逆に三分間も問診して、病状がわからなかったら、その方がヤブ医者で、危ない。

患者の中には、もっと医師と喋っていたいと思う人がいて、五分以上も喋っている。そうすると、これは確実に世間話か、人生相談の部類に入ってしまう。

人生相談は、医者のところでは迷惑でしかない、と。これは知人の医師に聞いたことである。

4　カウンセリングと愚痴聞き屋

人生相談は、カウンセリングといって、全然、医師とは別の分野である。医師が人生相談（カウンセリング）をしても、収入にならない。営業外のことである。たとえば、自動車の販売店に行って、パソコンの情報を聞いても仕方がないのと同じである。

最近はカタカナで書く、横文字の職業が流行している。

人生相談を「カウンセリング」と置きかえ、相談の相手をする人を「カウンセラー」と呼ぶ。けれども、私は「カウンセリング」と書いて「愚痴聞き屋」と定義している。

良く喋る、雄弁の人は、愚痴聞き屋（カウンセラー）に向いてない。相手の話を、トコトン聞ける人、これは素晴らしい愚痴聞き屋（カウンセラー）である。

なぜかというと、人生相談や心配ごとは、心の中にあるものを思い切り喋って吐き出したいものであるから。人の悪口だとか、欲張ったことだとか、惚れてる相手のことだとか、全部腹の中から出して喋べりたいものである。

それを全部吐き出してしまうと、人生相談の悩みごとの七、八〇%は解消してしまう。残りの二、三〇%の答えは、本人自身が自分なりに考えているわけで、カウンセラーに言われなくても、解決の方向は見えていることが多い。

だから、言いづらい悩み、恥ずかしいこと、人の悪口などを、すべて言いやすいように、誘導してあげることが大事。〝水みち〟をつけてやると、水は勝手に流れていく。それと同じである。

それが「愚痴聞き屋」（カウンセラー）である。

この「愚痴聞き屋」と命名してくれたのは、前述したが、故人になった勝新太郎さんである。私は勝さんを先生と呼んでいたけれども、偉くて、やさしい人だった。多大の影響を受けた人で、勝さんは、信仰心の篤い人で、確か菩提寺が日蓮宗だったと思う。

ときどき、宗教の話をした。実に観方が鋭く、答えにつまるような質問をしてくる。「まえがき」にその会話の一端を収録してあるけれども、純粋な気持ちで質問してくるから、本当に会話の一つひとつが真剣勝負をしているような気分であった。

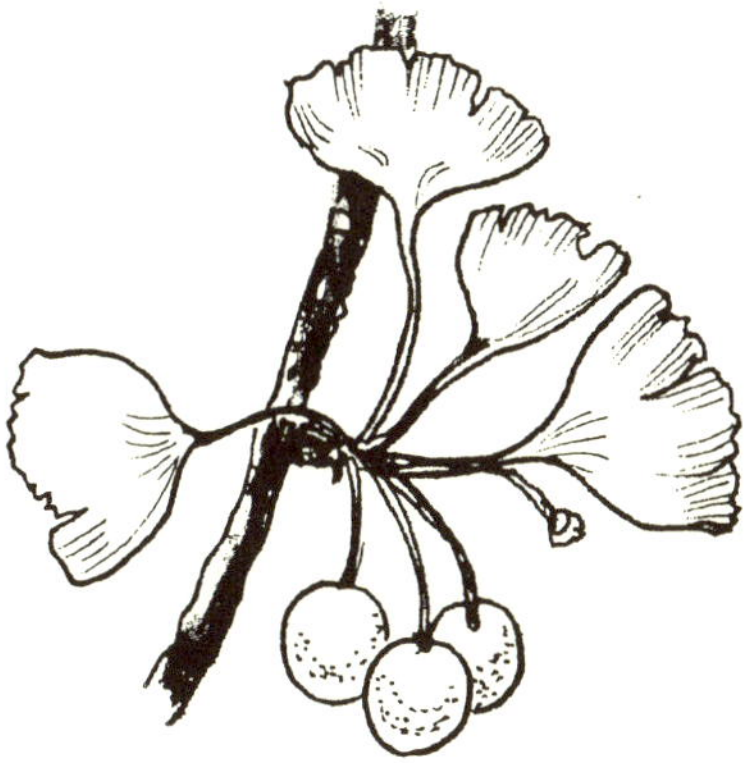

二　寺院と治病

1　醫と医の違い

私たちが日常的に使用している漢字は、中国から輸入したものであるが、使用しはじめてから長い年月が経過して、日本語としての、独自の歴史も加わっているので、中国とは別のものになってきている。けれども漢字の源泉が、中国にあることは間違いのないところである。

エジプトもそうであるが、文字の始まりは、象形的なことから起こっている。漢字も例外ではなく、象形文字から始まって、やがて、意味のある語と意味のある語が合成されて、文字が成立していく。これを会意文字《かいいもじ》といっている。

たとえば、現在は簡略化されて「戸」と「大」の合成で「戻《もど》」る、になっているが、本来は「戸」口に「犬」が帰ってくるところから、「戻《もど》」るなのである。戸（ドアー）が大きいから「戻」ってくるのではない。

この場合は、点を一つ省略したがために、語源をたどることが出来なくなってしまっているのである。点《てん》一つが、そんなに面倒なのであろうか。このあたりは、良くわからない省略の仕方であるというほかはない。

そうした面から「医学」の「医」という文字を取り上げてみたい。旧漢字では、医は「醫《い》」であった。確かに、文字の画数は多い。そこで左上の「医」だけを取って醫に変えた。

しかし「殹」は、他に移す、あるいは消しさるという意味を持っている。「酉」は、薬箱、もしくは治療の道具箱を意味している。この両者の意味を会わせる（会意する）ことで、病いを「酉＝薬」によって、「殹＝他に消失する」、つまり「治病」を意味する語として、成立しているのである。

ちなみに「医」とは、矢を蔵《しま》っておく箱のことである。したがって、医学とは、矢を蔵っておく箱を研究する学問ということになってしまう。こんな珍妙な国語を教えて、どうするつもりなのであろうか。

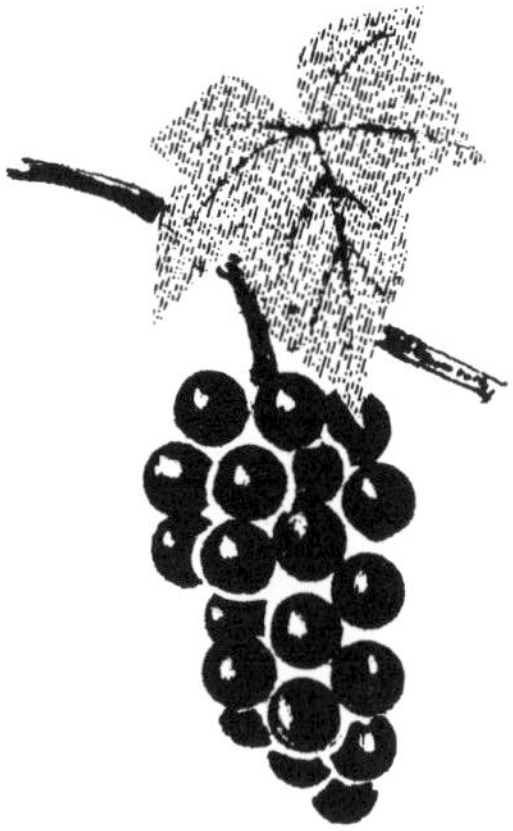

2　治病を意味する醫

医の旧漢字を醫であると言った。この文字は現在でも、まだたまに見かけることがある。見るとほっとする。

しかし、最近では、医院をクリニック、病院をホスピタルなどと呼んでいる。医院と病院はどう異なるのかと不審に思っていたら、医院には入院の施設がなく、その設備があるものを病院と言うのだとのことであった。

「院」は囲《かこ》いを指《さ》している。病いを囲うのが病院である。矢を蔵《しま》っておく箱を囲うと医院であるが、ひねくれずに、醫のための囲いが医院であると言っておこう。

学院は、学ぶための囲いである。

そうしてみると、奇妙なのは寺院である。寺《てら》も院《いん》も、囲むという意味で、屋上屋《おくじょうおく》を重ねるように、二重囲いが寺院なのである。寺院の名称には、東大寺《とうだいじ》とか平等院《びょうどういん》というように「寺」と「院」のどちらかが使用されていて、東大寺院とは名乗らない。寺の場合は寺号《じごう》、院は院号《いんごう》である。他に「庵《あん》」「軒《けん》」「坊《ぼう》」「房《ぼう》」「窟《くつ》」といった号を使用しているところもあるし、「堂《どう》」というのもある。どれも間違いであろうはずはない。

ところで、醫《い》には、もっと以前の文字が使用されていたことがある。醫の以前は、「毉《い》」だったのである。

次に、毉《い》について述べる。

3　毉《い》は宗教家の治病

毉《い》も会意文字である。

「殹」の意味は「他に移す、消し去る」であると、既に説明した。ここで解《と》かなくてはならないのは、「巫」である。

巫は、巫女《みこ》（神子《みこ》）を意味している。

文字を分解してみよう。

上の横棒は、「━」で天を表しており、八卦《はっけ》で☰（乾《けん》）を謂《い》う。

下の横棒は「━」で地を表して坤《こん》☷である。「＝」で天地（乾坤）となり、その間に、人人《ひとびと》がいる。横に並べて巫となる。

そのひとびとがいる天地を繋ぐものが縦棒で、巫となり、神の使いである「巫女《みこ》」及び「神子《みこ》」のことである。

巫に竹冠《たけかんむり》を被《かぶ》せると、易占《えきせん》や八卦《はっけ》で使う、筮竹《ぜいちく》となる。かなり宗教的色彩の濃い文字である。

したがって、毉《い》となると、「巫女の力で、（病いを）他に移す（治す）」という意味になるのである。これが、「医」の語源である。

八卦で使用される☰・☷・☵・☶・☳・☱・☴・☲といった形状を爻《こう》と言う。上爻・下爻、あるいは初爻・六爻といったように使う。

日本で、この文字が使われた最も古い文献の一つに、弘法大師空海の『御請来目録《ごしょうらいもくろく》』に添付された奏上の文書がある。そこに「爻」の文字が見える。

留学生《るがくしょう》として入唐《にっとう》した空海は、中国で恵果阿闍梨から、胎蔵《たいぞう》・金剛界両部密教の伝法灌頂を受けて、夥《おびただ》しい数の経典、曼荼羅・図像・法具などを日本に持ち帰り、密教の第一人者となった。このことを時の天皇が知り、空海は持ち帰った数々のものを「御請来目録」として、奏上したのである。その奏上文に、爻《こう》の文字があった。もちろん、八卦（はっか、ともいう）の爻《こう》である。

爻《こう》の形状の由来は、『易経』の出来る以前の占術である。中国では数々の戦乱がくりかえされた。各武将の側近には、必ず祈禱師やシャーマンがいて、予知能力を駆使して、戦闘を、いつ、どこで起こしたら良いのか、勝つか、負けるかを占術していた。

占術は亀の甲羅や、鹿の角などを焼いて行われ、ヒビ割れの入り方で、吉凶を占っていた。そのヒビの形状が爻《こう》の形状となって残ったのである。

それらは御神託として宣《の》べられた。

その役割は、後に、巫女（神子）のものとなった。

巫女らは、治病に関しても、一般人から尊崇を受けていた。逆に言えば、治病することで一般人の尊崇を受けていたのである。

故に、医は、「毉《い》」と記されたのである。

4　寺への第一要望は「治病」

治病というものが、その起源の部分で、巫女やシャーマンといった、広義での宗教家の役割であったということは、後世に至っても大きく影響を与えた。

たとえば、庶民の寺院に対する要望の第一位が「治病」であったということにも繋がっていくのである。

医師というものが、専業として登場するのは、歴史の上でも、かなり、のちの時代になってからである。

安土桃山時代に、曲直瀬道三《まなせどうざん》という医師が現れて、名医の名をほしいままにした。名は正盛。雖知苦斎《すいちくさい》と号していたが、のちに正親町《おおぎまち》天皇から翠竹院《すいちくいん》の号を賜っている。京都の人であったが、曲直瀬道三は、儒学にも長じていて、わざわざ芸州吉田の毛利元就に招かれて、元就に儒学を伝授したという。室町から戦国初期、さらに安土桃山の時代に、こうした名医が輩出したということは、奇蹟に近い。この時代は、戦乱に明け暮れていた時代で、世情の荒廃には、眼を覆うものがあったのではないだろうか。

しかし、曲直瀬道三のような名医にかかれたのは、権力のある一部の者でしかなく、大方の庶民は、俗信的な治療法に頼っていたのに違いない。

その間の事情を誌したものに、『雑兵物語』というのがあって、陣笠を被って闘った、雑兵たちの姿が描かれているのだが、槍傷《やりきず》や刀傷の個所に、〝馬糞《まぐそ》〟を塗布して、血止めにしたことが描かれている。

そういえば、私が子供の頃、というと終戦直後であるが、蜂に刺されたら、「小便をかけろ」と教わったことがある。誰に教わったのかは失念した。現在と違って、モノのない時代であった。薬品もなければ、医院もなかった。焼野原の東京である。小便は、アンモニアを含んでいるから塗り薬になるんだということであった。

終戦直後の一般的な家庭の薬は、置き薬であった。富山の薬売りが各家庭に配って歩いた。置き薬は身近な何よりもの薬局であり、医院の役割をもはたしていたのである。

だから、『雑兵物語』で、傷口に馬糞を塗布したとしても、あまり驚く気にはならないのである。

庶民の知恵というのは、そんなものだろうという気持ちが、私の中にはある。

私の父は、私が二〇歳のときに、胃癌で、自宅で死んだ。四三年前である。六〇歳であった。

父が死ぬまで服用していた薬は、確か「パンシロン」であったと記憶している。

「パンシローンでパンパンパン」

という宣伝の歌があったのを記憶している。健康保険もない時代であった。入院するのには、多額の金が必要であつた。現在から四三年前の日本の医療は、そんなものだったのである。

以降に国民健康保険が出来、バブルで、一気に病院が増えた。

今日では、誰でも病気になれば病院に行ける。やっと、そういう時代になったのだ。

現在はさらに健康保険以外にも、介護に関する制度も出来た。しかし、こちらは、まだスムーズにシステムが回転していない印象がある。やがて、普通のこととして、運用される時代になるだろう。

5　治病と座談会の効果的な活用

私が子供の頃、つまりは半世紀ほど前のことということになるが、医療制度は、そんなに、完璧に普及してはいなかった。

最高の医療は、学校の保健室であったような気がしてならない。東京の下町での話である。感覚としてはついこの間のことのように思える。

それが、一気に医師と、医院、病院が増えたのは、毎年発表される所得番付で、常に医師が上位にランキングされて、医者は儲かる仕事だと思い込み、土地が売れた農家などでは、子供が何人かいると、そのなかの一人は、

「医者にしよう」

というので医大に通わせて、医師にした。その上で、開業させたから、一気に医院・病院が増えたのである。

日本人は、一人が、

「それっ！」

と走り出すと、全員が同じ方向に向かって走り出す傾向が、実に強くある。戦争もそうだった。ボウリング場もそうだったし、パチンコホールもそうであった。麻雀もそうであった。ゴルフもそうであった。不動産ブームもそうだった。ワンルーム・マンションもそうである。

しかし、ブームが去ると、そこが墓場のようになる。墓場といえば、霊園も雨後の筍のように出来たし、葬儀の式場である斎場も、競って建てた。それが過当競争を生んで、すぐに鉱脈ごと涸れ果てるということを繰り返している。マルチ商法や、ネズミ講、新・新宗教も後を絶たない。懲りるということを知らないのである。

医院・病院も、そういう勢いで増えた。

医院・病院は患者さえくれば、診療報酬は各種の健康保険から、振り込まれてくるので、困ることはない。

最近はどうなったのかわからないが、一時は、病院という病院の待ち合い室が、老人クラブのサロンのようになっていた。病気を楽しんででもいるようであった。

だから、本当に緊急を要する病人に順番が回ってこない。人間は加齢とともに、どこかしらが悪くなってくるものである。それを趣味のようにして病院通いをして、病院で仲間が出来るというのも悪くはないが、他の病人が混雑で不自由をするようになってしまうというのは、考えものである。

そうした病人たちには、一つの信仰がある。〝大病院教〟というものである。大きな総合病院ならば、医療機器も、最新のものがあるし、どんな病気になっても安心だ、という考え方であり、偉い医師は、そういう大病院にしかいない、と信じ込んでいるのである。

そして、その考えは〝宗教〟と呼んでも良いような、信じ切り方になっているのである。

人間というのは、それほど、病気に対して恐怖心を抱いており、病気になってしまったら、自分ではどうすることも出来ない。医師に頼るほかはないのだという思いは、ほとんど、信仰心に近いものなのである。

それ故にであろうか。新しい宗教団体が、教勢を伸長していくときの布教の仕方というのは

（1）「病気」の回復

（2）「貧困」からの脱出

を誘い水にしている。そして、火事や交通事故、離婚といった、不幸にみまわれた人を標的として、

「入信すれば、その不幸から逃れられる」

と折伏《しゃくぶく》していくのである。

これは、宗教の永遠のパターンなのかもしれない。

それと同時に、「同病、あい哀れむ」といった、病院の待ち合い室を、サロンにしている老人たちのように、自分と同じ境遇の者が集《つど》い合うことに、快感と共感を得るのである。

それらを承知している新宗教の幹部たちは、小さなグループを作らせて、そのリーダーになる歓喜を味わわせる。新加入の者には必ず、優先的に発言の場を与えていく。

一般大衆は、常に、話を聞く側に回ってばかりいるものである。講演会に行っても、客席で聞き、終わったら拍手をするという役回りだ。

けれども、本音《ほんね》のところでは、自分の意見を発表したいのである。内容はたいしたことのない、日常の愚痴のような意見かもしれないが、本人は喋りたくて仕方がないものなのだ。

喋ることで、日常のストレスが発散していく面がある。幹部は、そのことを良く知っていて、新加入の者を、先ず喋らせ、喋ることの快感を味わわせるのである。そして喋り終わったら、必ず拍手を送ってやる。これが喋った人に最高の感動とそれまで味わったことのない生き甲斐を生むのである。

これは精神科の医師や、セラピストや、カウンセラーが用いる日常的な手法でもある。同じ種類の悩みを持つ者を、輪になって座らせ、互いに自分の苦悩を打ち明けあっていく。それで、心が軽くなるという、心理的な効果を狙ったもので、欧米のカウンセラーの常套的《じょうとうてき》な手法である。実に学芸会的な手法ではあるが、非常に効果を発揮するものである。

こうした手法は、医療の分野だけでなく、宗教の分野でも大きな効力を発揮する。これを、〝座談会方式〟として成功させてきているのが新宗教なのだけれども、伝統仏教も、この方式を徹底して採用していた時期がある。

それは、比叡山《ひえいざん》の横川《よかわ》にいた源信が、盛んに、二十五三昧講《ざんまいこう》や、念仏講を行っていたことに合致する。二〇人から二五人というのは、集団として、一番行動が執《と》りやすい人数であることも忘れてはならない。集団としてのコミュニケーションが取りやすいのだ。

副住職を中心にした檀信徒の〝座談会〟でも、こうした効果の出しやすい人数のことを、念頭に入れて応用するのも有効である。

三　僧侶は「愚痴聞き屋」

1　開山和尚の苦労

歴史的にみれば、念仏講や法華講といった〝講〟によって、それぞれの宗派は布教をして、檀信徒を得てきた。そして、現在の伝統仏教・寺院仏教は、すでにできあがつた檀信徒制度の土俵の上にいる。傘下の檀信徒の管理だけで手一杯で、とても、そんな念の入った講など新たに開いていられない、というのが大きな寺院の住職・副住職のご意見かもしれない。

しかし、その寺院を開山した和尚や上人が、檀家獲得にどれだけ苦労してきたかについて、思いをめぐらすことも、寺という伝統を継承する副住職の心得として、とても重要なことと思われる。

私自身、檀信徒ゼロから新寺をスタートさせてみて、檀信徒のいない寺院の苦労をイヤというほど味わわされてきている。

それは禅の修行とは別種の苦労である。私の新寺「願行寺」は、立地条件も伊豆高原の山の中という、大変に交通の便の悪い場所である。

それ故に、東京に別院を開いたり、熱海に分院を開いたりして、檀信徒の獲得に、いろいろな手法を用いてきているが、新宗教ではない。禅宗系、それも臨済からの単立（大臣認証）寺院である。

正直に言って、やることが地味である。一にも二にも坐禅しかないわけで、あとは葬儀・法要・陵墓以外に売りものはない。

寺を開いたものの、とても維持することは出来ないというので、何度経済的に追いつめられたか知れない。そのたびに歯を食いしばってきた。檀信徒のいない寺院を創建することは、「無主房戒《むしゅぼうかい》」という破戒になってしまう。何としても檀信徒を獲得する必要が、僧侶としてもあったのである。

それには、一にも二にも地道な努力を積み重ねていくほかはなかった。

最近は、経典を読誦すると、本当に疲労する。腹の中から本気で唱えているからで、ものすごい運動量になっているのだと思う。複式呼吸での運動である。私の唯一の運動法になっているのだと思う。これも、本篇の主題である「仏教の豎法」の一つだと受けとめている。もちろん、坐禅も、文句なしの「豎法」であることをつけ加えておきたい。

2　脈々と生きている仏教の医法

人は言うかも知れない。

「醫法（学）というものが、どうして仏教から消え果ててしまったのか」

と。私は、

「とんでもない、脈々と生きている。ただ、医療や健康法といったものが、もろもろの法律に守られて、医療関係者以外の者が手を出したら、法律違反になってしまう、と勝手に思い込んで、寺院や僧侶が、医大な先達者たちが苦労して考案してきた癒《いや》しや、呼吸法、坐禅、瞑想法、止観《しかん》、思考法などを活用していないのだ。このなかにこそ、現在《いま》の医療に最も欠けている〝包括的（ホリースティック）医療〟を手助け出来る方法が、あるのだ」

と言いたい。

偉大な先達たちは、法具という名の医療器具さえも工夫し、遺《のこ》してくれているのである。

これらの方法や法具を用いれば、今日、一般に言われる医学や医療とはまったく異なる、人間にとって不可欠の「醫法《いほう》」が、見えてくるのである。

こうした「醫《い》法」「醫《い》学」についての本が、ただの一冊も上梓《じょうし》されていないことに気づいて愕然としている。古来、仏教に求められていたのは、第一に「治病」ではなかったのか。なにゆえに、忘れ去られているのか、と。

治病のための醫《い》法は、立派に遺《のこ》されている。

それを統理しているのはほかでもない、釈迦如来の〝醫《い》の分光〟である「薬師如来」なのである。薬師如来の真言を
「オン　コロコロ　センダリ　マトウギ　ソワカ」

とお唱えする。

3　祈禱力の効能

顕教《けんぎょう》（密教に対して、こう呼ぶ）では、東西南北（密教では東南西北）に配当されている如来《ほとけ》は、

東　東方薬師瑠璃光如来
西　西方極楽世界阿弥陀如来
南　南方阿閦如来
北　大恩教主本師釈迦如来

ということになる。

如来には、それぞれ、両脇侍仏が、菩薩として付いて祭祀される。それぞれ「三尊仏」と尊称される。たとえば、

文殊師利菩薩

「釈迦三尊仏」　釈迦如来
　　　　　　　普賢菩薩
　　　　　　　観世音菩薩
「阿弥陀三尊仏」阿弥陀如来
　　　　　　　勢至菩薩

といったようにである。薬師如来の場合は、

　月光菩薩
薬師如来　　前に十二神将が居並ぶ
　日光菩薩

というのが祭祀の仕方である。

ちなみに、チベット仏教では、本尊「大医王仏（薬師如来）」を「七仏薬師（医王仏）」が囲繞《いにょう》して祭祀される。

禅宗では、「大般若祈禱会《きとうえ》」というのが厳修される。般若部六百巻が転読されるのであ

る。このときには須弥壇中央に「十六善神《じゅうろくぜんじん》」の曼荼羅が祭祀される。

この「十六善神」は、十二神将に、四天王を加えたものであるという説がある。導師は、真言密教の前作法である「護身法《ごしんぽう》」の真言《マントラ》を唱えながら、印契を組む。

禅宗の祈禱法には、真言密教の影響が強いようである。

この祈禱に秀でた僧に、心（本）地覚心という名僧がおられた。法諱《いみな》は私も同じく覚心だが、私の方は折角、師匠から頂戴した法諱（安名《あんみょう》）なのに、見事に名前負けしている。私ごときとでは格が月とスッポンほどに違っている。

心地覚心は、入唐僧《にっとうそう》である。富山の国泰寺派の大本山国泰寺の開山和尚の師僧である。和歌山で醬油を考案した名僧であった。禅においても一流を成した人であるのに、なお、高野山の別所に〝苅萱堂《かるかやどう》〟（密厳院所属のものとは別のものであると、真言僧の友人に教えてもらったのだが、メモをしていなかったので、正確な名称は失念した）を建てて、聖《ひじり》（高野聖）の頭領も兼務して、祈禱に長じていたという。

昔は、禅僧の祈禱は効能があると言われたという。そういう時代があっても不思議ではない。臨済の『諸回向清規《しょえこうしんぎ》』（和綴本）を読むと、諸病祈禱、安産祈禱、請雨祈禱（雨乞い）、さらには〝釜鳴り祈禱〟という、占いと悪鬼抜いを一緒にしたような祈禱で、悪所に立つと、抱えた釜が鳴り出すという祈禱も行ったと記されてある。相当に祈禱したようである。心地覚心は、そうした祈禱力を持っていたという。

世の中には、とんでもない人物というのはいるもので、心地覚心は禅僧でありながら、空海のようなことをしていた。こだわりのない大者僧だったのであろう。私も爪の垢を煎じて服《の》まなくてはならない。

心地覚心は、当然、病気平癒祈禱もしたし、実際に薬草も研究したのであろう。その副産物で醬油が出来たとも考えられなくはない。

4　どの宗教も「治病・招福・葬儀」が求められる

いずれにしても庶民が仏教に要望していたのは「治病」であった。このことは一に仏教だけの問題ではなくて、キリスト教でも、修道院で何種類もの薬酒の研究をしていた。それが後に世に出て、リキュールとなっている。アブサンなどというケタはずれにアルコール度の強い酒などは、にがよもぎから造ったとされているが、特有の芳香を持っていて、いわゆる気つけ薬的な使い方をされていたのではないかとさえ思えるのである。つまりはキリスト教であっても、宗教である以上は、「治病」を民衆から要望されていたと見るのが妥当であろう。

さらには、ファラオの側《そば》に、いつも仕えている神官というのか、僧侶というのか、いずれにして宗教家は、医師をも兼ねており、ファラオが死亡すると、その内臓をすべて抜き取ってカメに移し、ファラオの体をミイラ化する。その理由は『エジプトの死者の書』に記されてある。石室の壁面や石棺に書かれてあるのは、初期の象形文字であるが、後期のものはパピルスに描かれている。どちらも文意は同じである。ファラオたる自分は不死身であり、やがては、再びこの土に帰り来って、元のようにファラオとなる。しかし、その時に自分の魂が宿る肉体がなくては困る。そのために肉体を、ミライにして保存しておくという意味のことがほとんどであって、平易な言い方をすれば、死んでいくファラオは、この世に未練たらたらなのである。

この時代の古代四大文明は、エジプトから、メソポタミア文明に行き、さらにその隣りのインドに影響を与えて、インダス文明を造った。一方、中国にも文明が起こっているが、いずれも、確たる宗教観のある文明ではない。

むしろ、それ以後に出現する「ゾロアスター教（火天教）」こそが、成立宗教の始まりではないかとさえ思える。

実の所、ゾロアスター教は、どのあたりからおこったのかは、謎である。

アフガニスタン周辺ではないかとの学説を唱える学者は多いが、確たる物証があって言っているわけではなくて、推測の域を出てはいない。

しかし、ゾロアスター教の神の名と、のちにインドを宗教的に支配するバラモン教の、リグ・ヴェーダや、サーマヴェーダの祭文の神の名が同一だったりするのは、奇妙な符合である。たとえばミトラという神の名などがそうである。

日本では、観音さまといえば、最もポピュラーな菩薩の名で、梵名を「アヴァロキテーシュヴァラ」という。観音さまの原型は、インドで一番親しまれている「シバ神」ではないかと唱える説もあるが、それより古く、ゾロアスター教に、観世音菩薩としか思えない女神が出てくるとの指摘もある。

これがもし事実なら、観音さまよりも古い神仏はいない、という計算になってくるのである。

こうしてくると、宗教ほどややこしいものはない。だからと言って、民族と宗教の相違で戦争を起こすことぐらい、悲惨なものはないのである。

自分の信ずる宗教に、「治病」「招福」「葬儀」を願っているのは、世界中同じである。

自分たちの宗教の色に染めないと気がすまないというのが実状である。

マザー・テレサは、病人が亡くなる瞬間には、

「自分が本当に信じている神の名を、唱えなさい」

と言ってやったという。それが本当なのだろうと思う。

5 「愚痴聞き屋」の心得

私自身は、神仏祖霊と書いてホトケと呼ぶことにしている。軟弱かもしれないが、それが日本人の信仰心における本音《ほんね》ではないかと思っている。それが人によって、「カミさま」とか「ご先祖様」と呼ぶことになっても良いのだと思う。

そうすることで、しっかりと「神仏祖霊」が、すべて入っていることになるのだと思っている。人間は、「困ったときの神頼み」であり、弱ったときの「医者頼み」なのである。そして同じく、「便りがないのは無事の証拠」なのである。そうでも思わない限り、医師だの、僧侶だのはやっていられるものではない。

医師にしても、僧侶にしても、必要以上の見返りを求めては、やっていけるものではない。

人は体調を崩して、医師のもとに行き、診察を受け、処置や投薬などの応分の手当てを

してもらって、回復する。果たして、何人の患者が、医師に謝礼の連絡を入れることだろうか。治ってしまえば、

「ハイ、それまでよ」

なのだ。

僧侶も同じである。「愚痴聞き屋」といっても良いほどに、多くの人の愚痴を聞き、さまざまな相談に耳を傾けている。たとえば、ご主人を故した婦人がなにかと相談に来る。しかし、再婚して元気になったら、ほとんどの場合、それ以後の便りはない。それで良いのだと思う。「便りがないのは無事の証拠」であり、「無事これ名馬」なのである。

そして、困ったときに、再び連絡が入る。都合が良すぎるが、それが大衆の実態だろう。それくらいの覚悟で「愚痴聞き屋」に徹しないと、住職はつとまらない。むしろこの点にこそ、仏教が、寺院が、住職が担《にな》い、人々に評価されてきた「治病」の原点が、かくされているのだ。住職を信頼するが故に、相談相手に選ぶのだから。面倒な相談から逃げないで正面から対応するのは、正直言って、とても、しんどい。けれどもここが「愚痴聞

き屋」の本領発揮の正念場である。

6　一山一寺は住職の手腕次第

私は住職のかたわら、小説や漫画の原作を執筆してきた。ときには面白いものも書く。すると人気が出る。しかし、人気ぐらいアテにならないものはないのである。それは歌手や、タレントといった芸人にもあてはまるだろう。

人気の凋落《ちょうらく》した芸人ほど、みじめなものはない。四苦八苦して個人で仕事を探している。人気の凋落したタレントに対しては、事務所と称するプロダクションは見向きもしないのが現実である。歯軋《はぎし》りして、そのタレントが人気を盛り返した途端に、ご馳走にタカる銀蠅《ぎんばえ》のように、プロダクションが近寄ってくる。

芸能界というと、タレントや役者や歌手などが作っている世界のように思い勝ちだが、そうではない。本当に芸能界を作っているのは、本来は裏方であるはずの、マネージャー、ディレクター、プロデューサーたちなのである。芸能界などという世界は何丁目の何番地にありますというものではないのだ。

画壇や、文壇などというものも現実にはない。仲の良い作家同士が、たまに飲食する。その程度のもので、あとは個人事業主であるから、自分の器量で仕事を取るということでしかないのである。発注者は出版者であり、担当編集者なのであって、作家が作家に発注することはあり得ないのである。

そういう世界は、蜃気楼《しんきろう》のようなものだ。

僧侶の世界でもそうであろう。近隣の同宗の寺院で何か催事《さいじ》があれば、〝随喜〟ということで出頭したり、また脇僧の仕事などがあれば、〝加担《かたん》〟することはあっても、サラリーマンのように、一つ企業での運命共同体的な船に乗っているわけではない。宗派もあり、教区も決まっているが、一山一寺をどうやって切り盛りして、経営・運営していくかは、現実問題として、その寺の住職の手腕次第なのであって、困窮したからといって、誰かが経済援助をしてくれるということではないのである。

住職の考え方が、そのまま、寺院の方向性となって反映していく。そこで、寺院個々の個性が発揮されてくるわけで、革新的な寺院もあれば、保守的な寺院もある。葬儀・法要・陵墓主体の経営の寺院もあれば、祈禱主体の寺院もある。観光寺院と呼ばれる寺もあるし、料理を出し、宿坊を整えた旅館のような寺院もある。すべてが同じく寺院である。

寺院は、こうでなければならない、といったような規定はない。禅宗には、精進料理というものがある。特に黄檗宗《おうばくしゅう》には「普茶《ふちゃ》料理」というものがあって、食事を売りものにしている寺院もある。

私のところにも、とある医院からのアプローチがあって、〝ダイエット合宿〟に寺院の日常を取り入れたいという企画が、現実に持ち上っていて、その研究を行っているところである。近く、何とか立ち上げたいものと思っている。

寺院の形式が、こうでなければならない、ということは何もない。宗教法人法で定められたことを行っている限りは、何の問題もないし、税法上も、定められた通りに行っていれば、これも問題はない。

7　ストレスと治病

私の自坊は、伊豆高原の山の中（といってもまるで人がいないわけではないが）にあって、自然が都会よりは多く、海と山との景観に恵まれているので、健康上の理由や、美容の面からも、〝ダイエット〟をしたいという人には、うってつけの環境である。

ダイエットを都会のビル（マンション・事務所・病院）で行うと、どうしても、食事の質と量の変化から、「ストレス」が生じてきてしまう。

ストレスという言葉は、現代のキーワードの一つであるが、一般に誤解されていることが多い。寺院でできる「治病」を理解し、実践するうえで、「ストレス」についての正しい知識と理解は、とても重要である。すなわち、ストレスに対応する治病である。本来は、ストレスを与える条件のことを「ストレッサー」と言い、それを受けた状態を「ストレス」というのである。

ストレッサーというのは、多種多様である。ダイエットによるものや、人間関係や仕事、勉強からのストレッサーがある。特に営業マンなどは、売り上げ成績が数字になって表れるので、その重圧から強いストレッサーを受けて、ひどいストレス状態に陥る。

さらには、このところの深刻な不況の影響で、企業倒産・レイオフ（一時待機）、リストラ、ワークシェアリングから、失業、あるいは減収という、生活に密着したストレッサーが多発している。その結果、ストレスをとびこえて、自殺にまで追い込まれている。

8　現代のさまざまなストレス

金融庁の画一的な、中小金融機関への、不良債権を主体とした財務調査と、それに対するペナルティーから、庶民が一番便りにしていた第二地銀や、信金・信組が、次々と吸収合併されて、中小、零細企業への貸し出し業務が完全にストップ状態となっている。そのため企業は、経済上の潤滑油であるつなぎ資金はおろか、これまでの貸し付けの回収までを迫られて、闇金融（マチキン）に走るか、倒産、自己破産に追い込まれている。これでは民活からの活性化は不可能である。

「痛みを伴う」のにも限界がある。行政が、あまりにも一般庶民の経済実態を知らなさすぎる。大手にやさくし、中小零細に厳しい小泉内閣の手法は、江戸時代の悪代官以上に悪政である。経済の底辺を圧殺していったら、ピラミッド型自由主義社会の崩壊を招く。加えて銀行のペイオフである。必ずどこかの銀行が、〝人身御供〟で、ペイオフ実施の取り付け騒ぎを起こすだろう。それによって、庶民の銀行不信は頂点に達して、一気にデフレ・スパイラルのど真ン中に落ち込むだろう。商品は製造しても一切売れなくなる。さらに、農水省の杜撰な、食品管理や食品流通でのモラルの低下は、雪印は氷山の一角にすぎず、あらゆるものが乱売されることになるだろう。それに対する一切の処方箋はない。内政でのエラーは、必ず外政に向けられよう。アメリカが好例である。これと手を結び、有事立法成立後、日本はどこかの国と交戦状態に入る可能性さえ秘めている。国民の視線をそちらに向ける為政者の常套手段である。すでに、アフガン戦で、自衛隊は、戦闘地域外と言いながら、海外派兵の実績を着々と積んでいるではないか。私のように東京大空襲で直撃をくらった者は、戦火の匂いに敏感になっている。軍靴の響く予感を感じてならないのである。

私にとっての最大のストレスは戦争である。東京中が焼野原になってしまうような、悲惨な戦争は、二度と体験したくないというのが本音である。戦火を交えるような状況は万難を排して避けるべきである。

戦争は、あらゆる意味で、最大にして最悪のストレッサーである。このように世の中自体に、とんでもないストレッサーの要素が充満している。

四　愚痴聞き屋の実際と具体的治療例

1　寺院できること

寺院の主要業務は、「葬儀・法要・お墓」である。これはまぎれもない事実だ。「まえがき」にも記したように、人は必ず死ぬのであり、永遠不死の人はいない。死ぬと葬儀をする。なぜか。また葬儀のとき、僧侶が必要なのはなぜか。それは、死にゆく者の霊魂を鎮魂し、浄化し、癒し、供養することが、生き残った者の人としての不変の行為だからである。

僧侶にとって、「葬式坊主」という言葉は、むしろ誇りあるものなのだ。僧侶をおいて、誰が死者に引導を渡し、供養することができるというのか。

「葬儀・法要・お墓」は寺院の、僧侶の重要な役割である。そのことに誇りを持ちこそすれ、卑下するものではない。繰りかえし言う。人々が「治病・招福・葬儀」を寺に求め続けてきた心情を、真正面から受けとめる必要がある。一所懸命に祈る檀信徒たちの姿勢に、それ以上の懸命さで応《こた》えなければならない。それこそが僧侶の役目である。

さて、現代の主要業務である「葬儀・法要・お墓」を除いたあと、寺院は一体、何が出来るのか？

唯一、宗教法人法で幼稚園の経営だけは、公益事業として行うことが出来るので、境内に幼稚園のある寺院は多い。

しかし、世をあげての少子化傾向の影響が、一番早くあらわれるのが幼稚園である。その結果、多くの幼稚園が、児童不足から赤字経営となって、寺院の経営を逼迫する事態に追い込まれ、閉園するところが多くなっている。

寺院は、また住職・副住職は、以前にも増して、寺院で実行できることを模索し、工夫し、実践していかねばならない。

2 「よろず愚痴聞き相談所」を開設

私は、私なりの考えで、静岡県熱海駅から一分のマンションの一画に、「願行寺熱海分院 総合相談所」を開設した。そこで、「人生相談」といえば聞こえは良いが、「よろず愚痴聞き相談所（カウンセラーともいうらしい）」を開いた。

お堂や、寺院風ではなく、ごく普通のマンションにしたのは、相談者「依頼人＝クライエント」が、ごく気軽に、立ち寄れるように考えたので、あえて祭壇的なものは設けず、一般家庭のように仏壇を置いて、礼拝するようにした。

分院の経営は、経費として、家賃・光熱費・諸雑費だけで、あとは私一人分の人件費のみということで、什器備品はほとんど寺から運んだ。ありあわせの道具類で、何とか恰好をつけた。新たに購入したのは、カーペット、カーテン、組み立て式本箱と洋間の照明器具、冬場だったので、電気ストーブと灯油ストーブを一台ずつで、あとは布団類に至るまで、寺や家から運んだ。布団は、私が投宿するためのものである。和室の座布団も寺から運んだ。何しろ、貧乏寺であるから、資金をかけないということが、第一条件であった。目的は、総合相談室である。しかし、寺院の名札もかけてないし、看板も出していない。宣伝も一切行っていないし、私自身、分院用の名刺も作っていないくらいであるから、パンフレットも作っていない。

純粋に、知っている人だけが相談に来るというわけだ。そんな商売っ気のないやり方をなぜするのか？　そう思われる方もいるだろう。しかし、純粋に口コミだけで、どこまでやれるのか。それと同時に、最初の三年間ぐらいは、自分の勉強のためという意味もあった。

私の方が何もわからないで、カウンセリングなどと言ったら、クライエントの方は、片腹《かたはら》痛くなるだろう。相談室というものが、どういう様相を呈する場所になるのか、まず知らなければならない。そのためトレーニング期間であると思ったのである。

そこで、先ず判明したことは、「人生相談」で始まる愚痴聞きの作業が、一定時間を越えると、〝病気の相談〟〝健康の相談〟になってくるという、側面であった。

もちろん、時間のあるときは、原稿を執筆するという、私の作家としての仕事場にもなるし、場所が、新幹線のこだまが停車する熱海駅から徒歩一分というアクセスの良さもあって、編集者との打ち合わせの場という〝応接間〟にも使えたので、焦る必要はなかった。

何しろ、自坊のある伊東市富戸は、熱海から伊東線で伊東まで行き、支線の伊豆急に乗り換えて三つ目の駅（鈍行しか停らない）から、登り道を約二〇分歩くので、体力的にきついところである。私は、「伊豆比叡山」と呼んでいるくらいに辛い道のりである。だから訪れる人は、たいていがマイカーか、伊東からタクシーで来る。タクシーの料金で、三〇〇〇円余の距離である。駅のタクシーに「願行寺《がんぎょうじ》」といえば、ほとんどの運転手は知っているようになった。

それにしても不便な地理条件は、百も承知であった。しかし、不便だからこそ、大切な自然が残っているのだと思えば、文句もいえない。そうした自然が残っていることに魅力を感じて、自坊を訪ねて下さる方々もいるわけで、それは、それで独特の良さがあるものであった。

けれども、日常的に相談をしたいという人たちにとっては、不便この上ないことであったろう。

分院の方は、熱海駅から一分のマンションである。東京や、横浜方面の人たちには、とても着やすい場所となった。

事実、ことあるごとに、相談に来てくれている人たちは、ほとんどが、東京・横浜の人で、見事に地元の人はいない。

地元に広げるのは、最後の最後で良いと思っている。そちらは、地元の新聞に広告を載せたり、ケーブルテレビを使えば嫌でも拡がっていくという自信を持っているからである。良い意味でも、悪い意味でも、地元の人々を相手にすれば、嫌でも口コミで広がっていく。熱海などというのは、狭い町だからである。それは最後の最後で良いと思っている。それよりも大切なのは、東京・横浜から相談に来てくれる、レギュラーの人たちである。全員、完全予約制で、一日一人しか、原則として取らない。時間をたっぷりと掛けたいためである。

そのためか、目下は大変に評判が良い。だが、紹介者がない人はお断りをしている。

3　相談の料金

相談のお布施（志納料）は、一般のカウンセラーの料金や、弁護士の相談料と同じぐらいである。

話の内容や、費《つい》やした時間によって、志納料の額は変動するが、びっくりして、目の玉が飛び出す額ではない。

下手すると一般の占い師より安いかも知れない。

通常、カウンセラーの相談所に行くと、時間制で料金の設定が出来ていて、三〇分五〇〇〇円というのが一つの単位である。調べてみると、ほぼ世界共通で、弁護士の相談料と同じ程度の料金体系である。

しかし、私のところは寺院なので、すべて、治療費ではなく「志納料」という布施で行っている。

「志納料」の場合、相談者（クライエント）が、幾ら出したら良いかわからなくなってしまうので、「志納料基準表」を作ってある。

本来的には、〝志納〟というのはお布施であるから、料金の設定は、本意に合わないことなのである。しかし、現実的には、相談者（クライエント）は、料金というか、支払いの基準が知りたいのが本音であろう。したがって、邪道ではあっても、これを報知しておいた方が、親切ということとなるのである。

自分が、クライエントの立場に立ってみればわかることである。

目下、分院の相談所は、完全予約制の上に、紹介者がない人は、相談に乗らないシステムにしている。

4　相談の手順

相談には幾つかの手法を用いている。

（1）「面接」

（2）「ペーパーによる心理テスト」

（3）「検体（尿）を使用して、測定する」

（4）「相談者の心理的プロフィールの作成」

（5）「内観法」「観法各種」による相談者の精神内の悩みの抽出と癒《いや》し

（6）法具、仏具による体の調整（フィジカル・トリートメント）

（7）祈禱全般

（8）供養法全般

（9）仏教の指導

(10) 自己管理による体調維持の指導
(11) 一般占いを用いることもある
(12) その他

といったようなメニューによって、無理なく、相談者の個性に合せた形で、悲嘆の癒し、故人の供養、相談者の心理面の様子を画像化（グラフや、数値）していく。もちろん愚痴聞きも重要なメニューである。

5　医療機関との連係

病気に関しては、必ず、医院・病院に行ってもらうことを勧めて、その結果を報告してもらっている。

診断めいたことは一切行わない。

医師の医療の邪魔をしない。

薬品を出さない。

以上のことを厳守して、相談に乗っている。

相談室で、思い切り慟哭して、涙のあと放心状態となって、その後、スッキリした、という人もいるし、祈禱で納得した人もいる。法具利用の体の調整（フイジカル・トリートメント）で、元気を取り戻してくれた人もいる。

相談者の個性によって、手法は臨機応変に変えていく。

どういうわけか、みなさん一度来ると、次の予約をして帰るという人が多い。

医療機関と相互理解をしあいながら、医療が面倒見切れない部分を、寺院が補完していくというのは、今後の寺院の在り方の大切な試金石になるものと思っている。そのためにも、信頼できる医師、病院とのネットワークを作りあげる必要がある。私なりに、一歩踏み出し、医療と仏教とのネットワーク作りに取りくんでみると、これが実に面白く、思った以上の有効な状況が出てくる。

そして、仏教寺院の在り方の一つのモデルを作ってみたいと思っているところである。

6　新しい鉱脈――坊さん、出番ですよ

思えば、寺院を取り巻く状況は、明治、戦後、現代と、さまざまにめまぐるしく変化してきた。

明治以降の近代化の流れの中で、法制化が進み、医療には一切手を出せなくなった。戦後のGHQの農地解放のため、寺院の田畑などの財産は、すべて放出した。現代では、少子化が進み、幼稚園の経営が困難となってきた。また、過疎地では都会への人口流出が顕著で、檀家数の減少が生じている。

葬儀は、葬儀社の企業的な台頭で、ことごとく奪われて、葬儀社の下請けのような形に、寺院・僧侶がなってきている。

墓地は、石材業者や、日立のような大企業までもが進出して、大規模霊園を造っていて、これも奪われている。

そのたびに檀信徒の数は、確実に減少していく。

檀信徒制度は、事実上崩壊しているといってもよい。

こうした危機的状況の中で、寺院や宗派や僧侶は、なお旧態から抜け出られないでいるのが現実である。

一部の大寺院は別にして、小規模寺院の困窮は、目を被わんばかりで、どこかに、突破口を見出さなくてはならないのは確かなことである。

そのための足がかりとして、寺院に何が出来るか。「坊さん、出番ですよ」という声はどの場面でかかるのか。

その可能性を信じて、『医法《いほう》』という古典に回帰して、その手法にスポットライトを当ててみると、そこには、現代にも十分に通じるものが、しかも医療関係では、手のつけようのない心の治療という宝ものが埋まっていたのである。

それは鉱脈といってよいもので、しかも、僧侶こそが、その鉱脈を掘削する最適任者である、と確信している。

私の知り合いの医師が言う。

「病気は内科なんだが、先ず精神から治さなくては、はじまらない。胃も腸も十二指腸も、肺も、心臓も精神を直さないと、治らない。しかも、そのクランケ（患者）は、五代前の先祖の霊に祟《たた》られているって、本気で思い込んでいるんだ。ああいうのは、正直なところ、精神科よりも、寺か神社におハライをしてもらってきてから、改めて病院に来た方が、治りは早いよ」

と。けれども医学者として、霊魂という言葉を口に出すのは絶対的なタブーなのである。そんな言葉を口にしたら、医師としての尊厳、誇り、信用のすべてが傷ついて、怪しい医者のレッテルを貼られてしまい、医師としての仕事が出来なくなってしまいかねない。だから、どんなことがあっても、霊魂の〝れの字〟も言えない。けれども、本音のところでは、〝ご祈禱〟してきた方が治りが早いと言っているのである。

この医師の言葉はとても重要に思う。

医学の分野にもタブーがあり、それは「霊魂」の問題であり、「霊魂」となれば、まさに僧侶の出番である。

7　かんたんな三つの心理テスト

では、次に「愚痴聞き屋」の具体的な方法を説明する。

相談者にペーパー記入による三つの心理テストをしてもらう。

（1）「エゴグラム（自我度テスト）」

（2）「ストレス・コーピング・ラザルス式」（実務教育出版社刊）

（3）「文書完成法」（金子書房刊）

の三種類のテストペーパーを使って、まず相談者の精神的な全体像を作るようにしている。

これで、相談者自身がある程度の自己分析の輪郭（プロフィール）を知ることが出来るのである。人生相談であろうが、病気の相談であろうが、基本的に、自分というものを知ってもらうために、心理分析のテストを受けてもらう。これがペーパーテストの目的である。

次に、私自身は〝尿占《ピーうらな》い〟と呼んでいる、L《ライフ》・F《フィールド》・T《テスト》というものを受けていただく。

もちろん、相談者とは話をしながら、すなわち愚痴聞きをしながらである。

単発的に入ってくる相談者の中には、私と愚痴聞き会話をするだけで、

「心が晴れた」

といって帰った人も、ペーパーテストだけを受けて、帰っていった人もいる。今のところすべて、知人である。古くから付きあっている人もいるし、葬儀で初めて知りあった人もいる。知りあい方は、千差万別であるが、私はすべて仏縁だと信じている。

8　良く的中する尿占い

相談者との会話が進み、「人生相談」から「健康相談」に移ったときに、この尿占《ピーうらな》いを勧めている。これが良く適中するので、相談者は皆、驚く。

尿占いなどと言うと、少しいかがわしいように感じるかも知れないが、正式名称は、L《ライフ》・F《フィールド》・T《テスト》という測定法である。

「L《ライフ》・F《フィールド》・T《テスト》」そのものは、『生命場の科学』（ハロルド・サクストン・バー著・潮文社刊）という研究に基づいて開発され、作製された機器・機材である。

開発者のハロルド・サクストン・バー博士は、アメリカ・イェール大学の名誉教授まで勤められた方で、その生涯を、

「すべての生命体は、生命場《ライフフィールド》を持って、生命を維持している。動物はもとより、人間も例外ではないし、植物ですら、そうである」

と考え、すべてのものを据え直した研究者で、残念ながら、すでに故人となっている。

バー博士は、あらゆる生命体には、生命としてよって立つ場（生命場《せいめいば》＝ライフ・フィールド）があると考えて、樹木の生命というものまで視野に入れて、生命場の役割というものを研究してきた。

その考えを受け継いだ人たちの手によって、人間という生命場の研究がなされてきた。コンピュータの出現が研究をさらに著しく進歩させて、人間の毛髪、爪、尿といった検体から、人間の細胞の記号を抽出して、それにランクをつけてゆき、健康か、病気かを表わせるようになった。

バー博士の理論と研究が独想的だったのは、生命場の個々から発している記号を、数値化することで、生命体の活性の度合いを究明していくという点である。従来の医学や、物理学とは、一線を画したものであった。

その理論を追究していくためには、生命場内の記号を数値化するテスターが必要であった。バー博士は、すでに、素材としてのテスターを完成させていたが、現代のように、コンピュータが気軽に使用出来る時代ではなかったので、研究は、あと一歩という段階であった。

それをPC（パーソナル・コンピュータ）と組合わせたのが「LFT社（日本）」である。「LFT」の会長であり、実際上の開発者であったA氏の考えは、実にユニークであり、

「人間の脳以上のコンピュータは、まだ開発出来ていない」

という考えから、
（1）テスター
（2）パソコン
（3）そして人間の脳
を結びつける方式をとり、開発したのである。右記のような構成である。

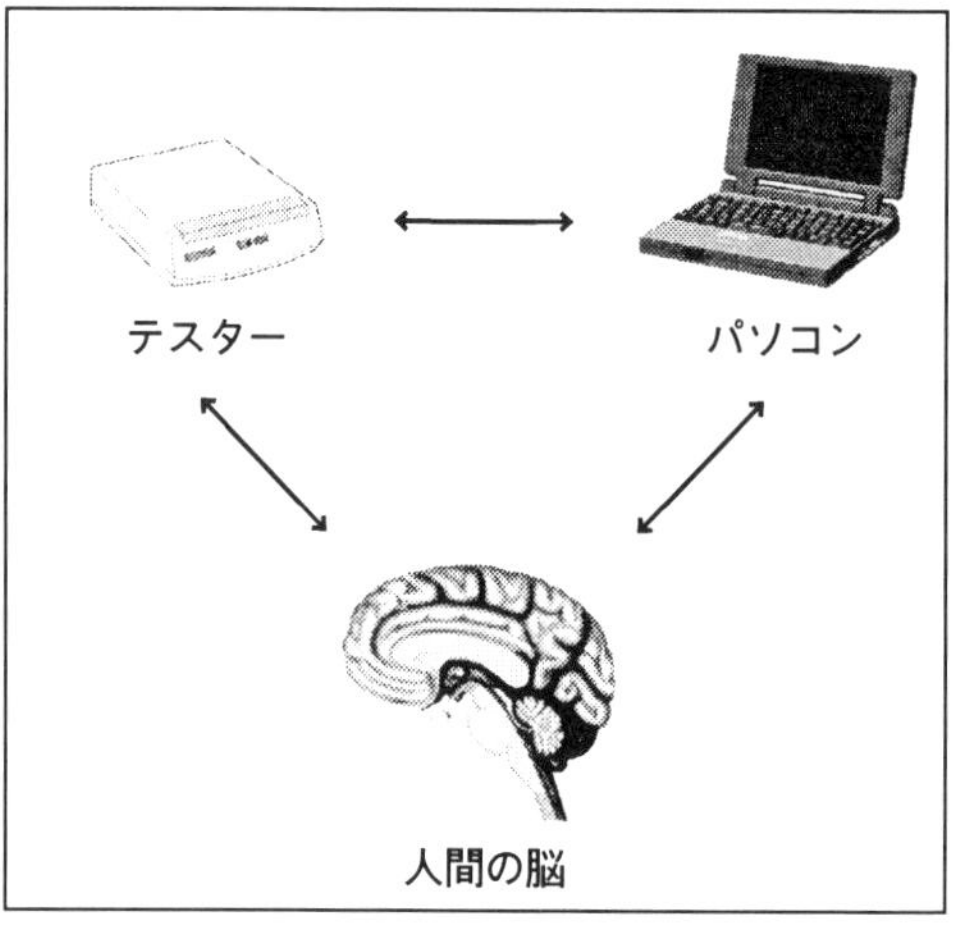

9　尿占いの検体

L・F・Tの原理及び操作の詳細は省略するが、L・F・Tのテスターの端末を、掌の中央部にある神経のツボに接続するのである。

どうして掌の中央部のツボに端末を当てるのかというと、両脚の「ふくらはぎ」が第二の心臓と呼ばれているのに対して、手は「第二の脳」と呼ばれる。脊髄から、腕を経て手に向かっている神経というのは、脳にダイレクトに繋る重要な神経で、脳の指令を、瞬時に伝える。また人間の体には経絡という独特のツボがある。掌の中央のツボは、第三、第四脳室に繋っている。

そのために掌の中央のツボとテスターの端末を繋げて、その結果をPC（パソコン）に入れて、表示させていくのである。

テスターを操作（オペレーション）してみると、かなり正確なデータが得られることが判明する。

ただ、何度も言うようだが、人間の脳を使うということで、測定結果に、個性や誤差という不確定要素が入る可能性を、否定出来ない。

それ故に、私は、あえて「占い」という語を用いているのである。占いイコール信憑性がないという意味ではないのである。

テストの「検体」には、いろいろなものが可能である。人間の体以外の、食品のテスト、水質のテスト、土壌のテストも実施できる。食品のテストという面では、有名企業が何社も、すでに導入をしている。

人体のテストに絞ってみれば、「尿」「唾液」「毛髪」など体を傷つけることなく採取出来る「検体」が有効である。なかでも、「尿」は、体内をくまなく巡ってきた排液であるので、厖大な量の人体記号を、包含している。そのため尿を検体壜に採取して、テストに用いるのである。尿は約一万種以上の記号を含んでいるという説がある。そのために「尿」を検体として測定する意味があり、それ故に、「尿占い」の的中率が良いのは当然である。

最初に、①消化器系　②循環器系　③呼吸器系　④泌尿器系　⑤生殖器系といった臓器系を測定してみる。

次に⑥筋肉系　⑦骨格系　⑧神経系を測定する。

さらに⑨自律神経系、⑩内分泌（ホルモン）系、⑪免疫機能系を測定、そして、⑫脳内系と⑬精神性を測定していく。精神性に付随して、⑭環境ホルモンや、⑮生活環境、⑯極度疲労、それに、⑰現在の情緒性を幾つか測定していくと、プラス20からマイナス20までの段階で、数値化される。これを表にしていく。場合によっては、ＰＣのエクセルでグラフ化してみると、依頼人（クライエント）の肉体面と精神面の「プロフィール」が、総合的に出来あがる。

もちろん、相談者には、そのプロフィールを見せる。これに、先の〝エゴグラム〟や〝ストレス・コーピング（ラザルス式）〟のバッテリーと、〝文章完成法〟といった、心理面からのアプローチによる「プロフィール」も重ね合せてみるのである。

これで、おおむね、依頼人の人物像が出来あがってくる。

その上で、現在の悩みを、「愚痴聞き屋」として、じっくりと聞き出すのである。

こうした尿テストは、任意のものであるから、

「尿は恥ずかしいから嫌だ」

と言う人には、一切強要しない。羞恥の方が先に立っている苦悩というのは、たいした悩みではないと考えられるからである。事実、こうした人の苦悩の程度は軽いものである。

10　尿占いは病気の早期発見

特に日本の女性は、大変に占いが好きである。タロット占い、占星術、四柱推命……と占いと名がつくものはたくさんある。その中でも尿占いは、極立って的中する。それは当然で、本来、医学の検査用にも使用できる機械を、用いているのだから、当たらない方がおかしい。

この尿占いで、人間の体の健康プロフィールが作れてしまう。そういう意味では楽しい機械である。そして、占ってもらった人たちが、一様に、

「道理で胃が重いと思った」

「肩が張るのは、このせいだったのね」

といったように、思い当たる部分を感じ、納得してくれる。

占いの数値の悪い人には、迷わず病院に行くことを勧めている。そのことが、結果的に

予防医学に役立っているわけである。尿占いで出た悪い数値の部位は、病院での検査結果も、同じように良くないようである。病気の早期発見につながるので、無用の長物ということにはなっていない。

肉体だけでなく、精神面も占えるところが尿占いの凄いところで、一度かかってみると、面白くて、次にもかかりたくなってしまう。ごく自然に、固定ファンがついてきている。

それと尿占いの面白いところは、必ずしも直接本人が来る必要がないという点である。容器に入れたものを、クール宅急便で送ってもらって、その測定表や占いの結果を、送り返してあげるということが可能である。その意味では、便利な占いであり、健康測定法でもある。あくまでも、目安として、その上で医師に診察してもらうわけだが、ほとんどが当たっている。

相談者には、「人生相談」が終わり、健康相談に入ってきたあたりで、この尿占いを勧めている。

尿ということで、女性などは羞恥を覚える人もいるので、

「健康のためだから」

と言い、無理強いはしない。けれどもたいていの人がテストに応じてくる。

11 愚痴聞き屋の資質

この「愚痴聞き屋（カウンセラー）」という仕事に取り組む人の必要とされる資質は、一にも、二にも、忍耐である。ひたすらに聞きつづけなくてはいけない。それも、真剣に聞く必要がある。

相談者（クライエント）は家族や、友人、知人にも打ち明けられない心の懊脳・苦悩を、聞いてくれる人（私）を信じて打ち明けてくるのであるから、それを受け止めるだけの心構えと、守秘義務が必要である。気の重たい仕事であることは間違いない。

愚痴は、何時間にも及ぶことがある。経済効率を考えたら、とても出来る仕事ではない、と言えよう。

葬式を引き受けたり、講演したり、原稿を書いている方が、効率が良いのに決っている。それに、この愚痴聞き相談には、健康保険の適応がないから、相談者（クライエント）

の経済負担も大きくなる。

本来なら奉仕でやってあげたいとも思うが、そんなことをしていたら、今度は寺院や私の方が倒産となり、リストラという事態になってしまうので、さすがに無料奉仕とはいかず、応分の志納（お布施）をしていただかねばならない。

相談者のなかには失業者もいる。しかしその多くは、失業後すぐに相談に来るわけではない。それなりに、自分で努力を積み重ねてから訪れてくるわけである。

その努力が報われていれば、相談に来ることもないけれども、血尿が出るほどの努力をしても、自分の思うような再就職先は見つからない。

一流会社にいた人ほど、以前の会社の条件に近い再就職先を求めがちなので、理想と現実の乖離《かいり》が手酷《てひど》いものになってゆく。

そういう人は、日常生活も、ハイレベルの生活を送っているので、家族たちも、生活レベルを落としたくないと思っている。特に奥さんが

「どうするの？」

と答えの出ないことで迫ってきたりする。

そんなときこそ、夫婦が協力したら良いと思うのだが、奥さんは、相談者が一流会社に勤務していて、生活に困ることはないという前提条件で結婚しているわけである。

「あんたは、その一流会社と結婚したのか？」

と訊きたくなるが、訊けば答えは、

「そうです」

と撥《は》ね返ってくる感じなのである。

それが相談者に、二重の圧力になっているのが、一目でわかる。

家のローン、子供の教育費、クルマのローンといった具合に、基礎的にかかっている生活費が大きいままなので、そこを縮小するか、元の会社の給料と同金額を出してくれる就職先を探す他はない。そんな好条件の会社など、滅多にあるものではない。

就職先は、さらに狭き門になっていく。相談者の苦悩はさらに深まり、蟻地獄にはまったようなもので、もがけばもがくほど、穴の芯に捕われて、身動きが出来なくなってしまう。

相談者の表情は暗く、憔悴《しょうすい》し切っている。一目で、

「相当やられているな」

というのがわかる。

ストレスは溜まりに溜まって、うつ状態や、ノイローゼ状態になっているのさえ、手に取るようにわかる。ストレスが重篤になってくると、「コントロール系」に狂いが生じてしまう。

当然、自律神経も打撃を受けるので、交感神経と副交感神経の作用が、思っている以上に働かなくなって、「自立神経失調症」という典型的な現代病に踏み込んでしまう。この病気の症状は、まったく他人ごとではない。

健常者であっても、圧力の強いストレッサーを加えられると、いとも簡単にかかってしまう。

経営者であれば、人事の問題、受注状況、収支決算、長短期の借入金の決済日、モラトリアム（債権者への支払い停止）にならないか、融資の成功不成功と、悩みのタネが尽きる

ことはない。決済事項の決断を一つ間違えると、現在では、企業の倒産や、会社更生法を申請しなければならなくなる。

勤め人にとっては、人的交流のこと、リストラ対象にされていないか、会社の業績はどうなのかといった仕事面と同時に、家庭で多い悩みは離婚問題、夫や妻の不倫問題、嫁・姑の関係、子弟の教育問題、子供が非行に走っていないかどうか……など、数え上げていったらきりのないことばかりで、それらは常にストレッサー要因を含んでいる。

どれか一つの予定が狂えば、ストレッサーとなって、相談者の脳を直撃する。わけても「失業」は、生活基盤のかかった圧倒的なストレッサーで、悩むなというのが無理な問題である。そうした問題からの逃避行為で、自殺に走る者も出てくる。自殺しても不思議ではない状況である。

東京の中央線というのは、通勤者の大変に多い電車である。この中央線は、たびたび、人身事故で不通になるが、そのたびに、通勤者たちは、

「またか……」

と思うそうである。ほとんどが線路への飛び込み自殺だというのを、承知しているからである。

飛び込み自殺者の遺体は、処理関係者の間では、「マグロ」という隠語で呼ばれている。大部分が肉片となって飛び散ってしまうので、関係者は、その肉片を探して拾っていかねばならない。バラバラになった遺体での葬儀は出来ないので、あらかじめ荼毘に付してから、〝骨葬〟の形をとる。

自殺者の葬儀には独特の暗さがあるので、葬儀に行っても、ピンと来るものがある。僧侶として、悩むのは、遺族への配慮である。自然死であっても葬儀に涙はつきものである。それが自殺となると、なおさらで、弔問客の数も減ってくる。

僧侶に出来ることは、成仏を願って、真剣に読経するほかはない。

葬儀が終了してから、遺族の心にあいた穴をどのようふさいであげられるか。これを、「グリーフ・ワーク」と称している、癒《いや》しの問題である。

これは、一般のカウンセラーには、ちょっとやり難《にく》いことの一つだと思う。宗教的なバックグラウンドがなくては、相談者も、ちょっと納得出来ないことであろう。場合によっては、死後の世界の説明を迫られることもある。

宗教家・僧侶であれば、ごく普通に説明出来ることでも、机上の勉強だけで「カウンセラー」になった人たちには、応答できない世界である。

ここにこそ、僧侶たる者の愚痴聞き屋としての本領が発揮されるところがある。まさに、

「坊さん出番ですよ」

という場合である。

12　うなずく、促す、受けとめるが大事

願行寺分院の総合相談所、すなわち「よろず愚痴聞き相談所」は、基本的には、願行寺の檀信徒のみなさんか、その紹介ということでやっている。葬儀後に、日を改めて、相談に来る人もある。

単発的に一回の相談ですむ人もいれば、長期にわたって、通ってこられる方もいる。相談の内容も、相談の仕方も、相談者によってケース・バイ・ケースである。相談に応対する基本は、

「相手の身になって、やさしく、根気よく聞きつづける」

ということに尽きる。

したがって、相談を受ける立場では、能弁である必要はない。むしろ、「うなずく」「促《うなが》す」「受けとめる」の「三う」が大切だと肝に命じている。

相談の場で、相談者の話に「うなずく」ことが、相談者に、悩みを打ち明ける情勢を熱く燃え上がらせることになるのを、実感させられる。

誰でも、壁に向かって、苦悩を打ちあけるのは難しい。家族、友人、知人にでも打ちあけることの出来なかった悩みを、カウンセラー（僧侶）を信じて打ち明けるわけであるから、相談者の責任は決して軽いものではない。

秘密を守る、秘守義務があることは当然である。また、相談の内容や相談者によっては、励ますことがタブーであったり、逆に励まさなくてならない場合もある。一見すると、相反するような形で、相談＝愚痴聞きを実践してゆく。それらは、すべて相談者の個性や、悩みの質によって区別しながら実行していかなくはならない。そうした判断を適切に行うためにも、相談者の苦しんでいる重い口を軽快にしていくためにも、相談者の話に何度も「うなずく」のは重要なことである。

さらに、時には重たくなってしまう相談者の口を開かせ、そこから悩みの核心を喋らせていくためには、

「なるほど」

「うむ」

「で？」

「その後は」

「深刻になるのは当然だけど、問題はその先だね」

といったような言葉を使って、相談者の悩みに、喋り残しがないように、「促す」の技術を身につけることが大切である。話の腰を折るのではなく、次の言葉が喋りやすいように、促す工夫である。


相談者の感覚は鋭くて、相談者の話に身を入れないままに応待していると、すぐに見やぶられてしまう。


「親身《しんみ》になって、わたしの話を聞いてくれていないわ」

「何か、そわそわしていて、イヤだな。和尚はきっと忙しいんだな。今日はもう話すのはやめよう」

などと、なってしまっては失敗である。真剣に、全身で耳を傾けることが重要である。

勝新太郎さんがハワイで私に、

「愚痴聞き屋の極意は、役者が役に二〇〇パーセントなり切るように、愚痴聞きに徹することだな」

と教えてくれた通りである。応待のための「うなずく」「促す」「受けとめる」技術と工夫は大事であるが、それは基本中の基本である。そして核心となるものは、愚痴聞き屋に徹する覚悟である。

13　悩みを共有し、相談者を勇気づける

相談というのは、一人で抱えこんでいる心配ごとや悩みを打ち明けることで、沈んでいた気分の七、八割方がはき出され、気持ちが軽くなっていくものである。人は悩みの中で、さまざまな解決案を、検討している。

その意味では、相談者にとって、悩みの打ち明けは、心の開放手段であり、自分の思考の再確認であるのだ。

たいていの場合、答えは、相談者自身がすでに出しているという例が多い。だから、愚痴聞きのなかで、その答えと覚《おぼ》しき言葉を確実に押さえておくことが、大変に重要になってくる。

喋っていくなかで、相談者が、

「このことを解決したい」

とか、

「そのためには、こうしたいのだが……」

といった本人の解決案につながる言葉や問いかけに、一刻も早く気づいてあげることが大切である。

それと同時に、相談者の悩みを、何が何でもその場で解決しなければならない、と意気込まない方が良い場合もある。

「よく話してくれたね。この世に悩みのない人はいないよ、あなたの悩みは、私にもよくわかったよ」

と悩みを共有したことを伝え、

「あなたも、これまで一人で悩んでいて、辛かったね」

「悩みには、すぐに解決できない悩みもある。悩みを悩みなりに受けとめていくことが、大事だね」

「一番いけないのは、悩みを放ったらかしにして、自暴自棄《じぼうじき》になることだよ。これからは、一緒に悩みを解決して行こう」

と、相談者を勇気づけることが重要なポイントである。

相談者は単に同情が欲しいわけではない。閉塞《へいそく》している心を、何とか開きたいのだけれども、一人ではどうすることも出来ないでいる。その懊悩《おうのう》に風穴《かざあな》を開けるために、誰かに悩みを喋りたいのである。

「よろず愚痴聞き所」に相談にくる決断は、相談者の立場にとっては、とても大きな前進なのである。

自殺した知人の報に接して、

「そんなに悩んでいたのなら、一言《ひとこと》、相談してくれれば良かったのに」

とか、

「それほど深刻だったとは思わなかったよ。気がついていれば、手助けしたのだけれど、残念だ」

と述べるのを良く聞く。その通りなのだ。けれど、自殺者の立場に立って考えてみると、悩みを開示し、相談できないからこそ、本人の悩みはさらに深まり、ついに自ら命を断つ覚悟をしたと考えられる。自殺の覚悟よりも、悩みを開示する勇気の方が重く、辛い、だから開示できないと感じている人もいることを、愚痴聞き屋は理解する必要がある。そう見てくると、

「よく、相談しようと決心したね。勇気を出したね。もう大丈夫だよ」

「心の悩みを吐き出したのだから、最大の危機は乗りこえたね。あとは、解決あるのみだね」

と、相談者を勇気づけることが、いかに重要であり、相談者の信頼を得るのに欠かすことのできないものであるかが、理解できるであろう。

14　これまで住職がやってきたこと

こうした相談ごとの相手をすると、相談者の心が軽くなる分だけ、愚痴聞き屋の気分が重くなる、とまでは言わないが、正直に言ってストレスが溜まる。それは当然と言えば、至極、当然のことである。

金銭づくで出来る仕事ではない。

ある種の使命感がなかったら、とても続けられるものではないと、今はしみじみと実感している。

相談ごとは、一人の人物の現在と将来がかかっている場合が多いので、簡単に答えが出せるものではない。

こうした「うなずく、促す、受けとめる」の「三う」を必要とする「相談業務」は、何も現在、改めて始まったわけではなくて、これまでも寺院の住職や、副住職の誰もが普通に行ってきたことである。

ただ、相談といっても、これまでは葬儀・法事・墓苑などの相談などが主で、あとは雑談に終始していたと言える。その雑談の部分を充実させ、相談者の本音にまで踏み込んでいく対応をすることで、住職・副住職としての新たな役割の、ある種の突破口が開けてくると確信している。

これまでも、檀信徒の相談に乗ることは住職の仕事の一部であり、大切な役目の一つであった。

何か困ったことが起こると、菩提寺のご住職に相談してみようかというのが、庶民の生活のなかに根づいてきたものである。現在もそういう地方や寺院は、たくさんあると思う。副住職が住職を引き継ぐということのなかには、師匠を通して法を継承するとともに、さまざまな伝統を引き継ぐという要素が含まれている。連綿と、法灯を受け継ぎ、守り、次代に手渡してきたからこそ、今日の仏教があると言える。

寺院や住職・副住職が庶民の要望に応えてきた「愚痴聞き屋」の役割を、悩む人の多い現代にあって、今日的な意味を加えて修正し、新たなものとすることこそ、住職の生きがい、副住職のやりがいにつながるだろうと、確信する。

15　僧侶だからできること

寺院の住職が「葬儀・法事・お墓」という主たる法務以外のことで、寺院の収入につながる仕事を探し、実践していくとなると、容易なことではない。そのことは寺院で実際に法務に従事している人ならば、十分にわかってもらえることであろう。

法務は法務として執行《しぎょう》していきながら、なお寺院の仕事として相応《ふさわ》しい仕事は、それほど簡単にあるものではない。

そのことでは、私自身、大いに悩んできた。

私の場合は、寺院の住職になる以前から、作家という仕事をやっていたし、音楽の仕事もやっていたので、これ以上は無理だろうと思っていた。

けれども、寺院というのは、私一代で終わってしまってはならないものである。私の後を継承してくれた人でもやっていける仕事が欲しかった。

それには、熱海の分院で開始した「愚痴聞き屋」という、〝総合相談所〟は、とても大切な「場」であると思うようになってきたのである。

どんな人物であっても、本人にしかわからない悩みを抱えているものである。その悩みが、親子や夫婦、友人に相談出来るものであるならば、それにこしたことはない。悩みを解決できる「場」があるといえる。

けれども、身近な人であっては、余計に相談出来ない悩みがある。本来的には、そちらの方が、はるかに重い悩みに違いない。

そうした悩みの相談に乗れる人がいるかどうか、相談できる「場」があるかどうか、それは悩みを抱えている人にとっては、とても重要なことなのである。相談の種類は、「よろず屋」といって良いくらいに雑多である。

ここで、相談者の心理には、面白いことが働く点に、気がついた。

寺院の山(三)門をまたいで行くのは、少し堅苦しい感じがして、ひょいと気軽に相談にはいけない、寺院には、どこかに敷居の高さを感じてしまう、というのだ。

けれども、それがマンションの一室となると、気やすさが生まれて、割と気軽に相談に訪れてくれるのである。

そして面白いのは、実際に相談室で話を聞き始めようというときになると、私が寺の住職であるのが、とても安心感を与えるらしい。

ここには、一種の矛盾と、一つの示唆《しさ》がひそんでいることに気付く。

相談者は本音《ほんね》では、僧侶と話をしたいのである。

「お坊さんだったら、わかってくれるかもしれない」

という希望を持っているのであるが、現実の問題として、寺院の山門をくぐるというのは、敷居が高く、勇気がいる、ということに突き当たってしまうのであろう。

本当は、その料理を食べたいのだけれども、店構えが、どうにも立派すぎて、

「ここで食べたら高いんだろうな」

という思いの方が、先に立って、とても、そのレストランに入っていく勇気が湧かない、といったことと同種の側面が、強くあるのに違いないのである。

相談者のそうした、無意味な不安感を、まず取り除くというのは、大切なことである。相談者に、親近感を抱かせるという意味で、寺院や、僧侶は、自分の方から、

「大衆食堂ですよ」

というノレンを挙げる必要があるということなのだ。

相談者は、実際に食堂に入ってみる前に、実際の料理が充実しているものかどうか、満足の行くものであるかどうか、料理人の品定めをしているのである。

意味の良くわからない、カウンセラーだの、ヒーラーだのという横文字の肩書きの名刺を見せられるよりも、

「駄坊主だから……でも、駄坊主になるのも、難しいものなんだよ」

といった、気軽な雰囲気に、心が軽くなって、ノセられていくのである。そうした、何気ないところから、相談者は、胸衿《きょうきん》を開いてくれるものなのである。

それを最初から、お互いに身構えてしまって、

「さあ、これから、カウンセリングだぞ」

ということになったら、肩に力が入ってしまって、相談者も本音を喋らなくなってしまうのに違いない。

「気軽に愚痴をこぼしていける」

「気軽に、心のウサを晴らしていける」

という雰囲気づくりが、まず大切なことである。

その雰囲気は、病院の診察室には、まず、ない。病院では、問診が終わったら、一秒でも早く椅子から腰を持ち上げて、診察室から出ないと、次の人が待っている。時間的余裕がないため、とうてい、心の悩みや、愚痴など、こぼせるものではないであろう。

そうした心の病や、わだかまりを持っている相談者に、どう接していくか。重要なポイントである。気軽な場の設定のために、寺院内ではなく、マンションの一室という気易さが成功したのだ、と思ったのである。

けれども、そこにいるのは、背広を着ていても、僧侶であるという部分が、何気なく、にじみ出ていく。

その意味では、僧侶は、一般の人々には、まだ「聖職者」であるというイメージが残っているものである。これは、私たちの先達たちが苦心して作り上げてきてくれた宝ものなのである。

私たちは、そうした先達の遺産である「聖職者」のイメージを食いつぶし、破壊してはならない。そのイメージを、さらに清浄に興隆しなくてはならないのである。

そのための一つの方法論として、いま「よろず愚痴聞き相談所」を開設して、その効果のほどを、多様に分析しながら、提唱しているところである。

五　相談の実例

1　録音しない

願行寺分院の「総合相談所・愚痴聞き所」に来る人というのは、ルートはまちまちである。私の著書を読んで来てくれた人もいる。あるいは、以前からの檀信徒で、改めて相談ごとが出来て訪ねてきてくれる人もいる。

さらには、いろいろなことに思い悩み、相談所に来て、苦悩を打ち明けていって、相談所に来るのが楽しみになり、二度、三度と訪ねてくるというレギュラー相談者というのが多い。そういう人たちで、菩提寺のない人たちは、「願行寺」にお墓を造って、檀家になって下さっている。

なかには、菩提寺の決まっている方もある。そういう人は、お墓のことは別にして、純粋に相談者として、分院に通ってきて下さる。土・日・祝日という休日が、基本的に相談日とならざるを得ないが、休日はまた法事が多い。法事と重なると調整をするのが容易ではないが、時間をずらしてお会いするようにしている。

手順を言えば、まず、面談して、基本的に、徹底的に喋ってもらう。論理的であろうとなかろうと、ここは感情のおもむくままに喋らせる。私からの言葉は、喋りを促すためにのみ発されるのであって、意見は一切言わない。相談者が悔しいとき、悲哀のときは、当然、涙を流すが、

「涙は心を洗うから」

ということで、泣くにまかせる。逆に泣いてもらった方が、相談後がさっぱりとすることが多いので、歓迎でさえある。怒りも同様で、悪口三昧《あっこうざんまい》でよい。眼前の相談者は、私が知っているいつもの彼や彼女たちではない。そこには、赤裸々な人間像があるのだ。心の奥のパンドラの匣《はこ》を開けてしまった人間なのである。すべての言葉は、本音となって、吐

き出されるのである。相談者に断って、メモを取る。テープ類は、一切使わない。録音されると思っただけで、相談者は本音から遠ざかることになる。もちろん秘密厳守は、相談員の義務であり、鉄則である。相談員を信じているから、本音で喋り、愚痴ることができるのである。

どんなに激情にかられていても、一時間は、愚痴り続けられるものではない。愚痴り終わると、不思議に、さっぱりとした表情になる。

相談者の愚痴りタイムは儀式である。愚痴るだけ、愚痴り切らないと、精神のクリーニングは出来ない。そして、その愚痴のなかにこそ、今後の相談の回答がひそんでいるのである。答えは、十中八、九、自分で出しているものなのである。それだけに、大切な部分は必ずメモを取るが、重要なことは、そのメモを、最後に、必ず相談者に見せて、

「こんなこと、誰が見てもわからないですし、私のファイル以外から出ることはありませんよ。すべての秘密は厳守しますからね」

と言わなくてもよいようなことだが、念をおすように言っておくことである。ここで、たいていの相談者は、

「ありがとうございます。何だか、全部吐き出しちゃったら、とってもさっぱりとしました」

と礼を述べる。

「まだ言い足りなかったり、相談したいこともあるでしょうけど、次回にしましょう」

と第一回目は、ここで切り上げる。潮どきを見ることが大切である。

相談者によっては、この一回だけで、心のクリーニングが出来て、二回目はないこともある。しかし、連絡はつくわけであるから、いつ二回目になるかわからない。しかし、こういうタイプの人は愚痴を聞いてもらうだけで、十分にストレスが発散出来ているのであるから、こちらから働きかけたり、心配をする必要はない。ストレスが充満してくれば、また相談者の方から連絡をしてくるものである。

2　相談の実例（1）相談者の内服薬

庶民が仏教に求めた、

（1）「治病」

（2）「招福」

（3）「葬儀」

のうちで、悩みごとや愚痴を聞くというのは、〝広義〟に考えれば、（2）の「招福」につながるものでもある。

愚痴の種類についていえば、枚挙にいとまがない。それを大きく分類するには、密教の祈禱の種類を援用するほかないであろう。

（1）「消災《しょうさい》」

（2）「増益《ぞうやく》」

（3）「敬愛《けいあい》」
（4）「調伏《ちょうぶく》」
という四種類の護摩祈禱《ごまきとう》の分類は、実に、理に適《かな》っているということになる。

愚痴や、相談ごとも、畢竟《ひっきょう》すれば、そこにたどり着くのである。

けれども、それは結果論であって、そこにたどり着くまでには、実に混沌《こんとん》とした話を、根気良く聞き込んでいく必要がある。

それというのも、相談者は〝相談〟という名目の愚痴で、まずはひたすらに、自分の心のなかにわだかまっている、ドス黒いものを、吐露《とろ》し尽くしたいのだ。

まず第一の目的は、「吐露」である。

吐露することで、相談者のストレスは、七割近くは発散出来る。

聞く側としては、その吐露の中に、求める答えの断片が、宝石のように散りばめられていることを知るべきなのである。

熱心に聞く姿勢を見せて、ときに重要な部分――固有名詞・年号・数字・年齢などは、正確にメモを取っておくことが大切な仕事である。医師にとってはカルテに該当するほどのものなのである。相談者の精神的な迷いやストレスの要因は、吐露のなかに巧みに組み込まれているものなのである。

そこを理解していくことが、愚痴聞き屋の重要な仕事である。

正直に言って、最初は、

「この相談者は、来る所を間違っている。病院の精神科に行くべきだ」

と素直に思ったりするものである。

しかし、相談者の多くは、病院を巡礼し、すでに精神科も回り、多くの薬ももらってきているのである。

薬のことだが、私たち相談所が、薬品を投与することは禁じられている。ただし、サプリメントと呼ばれている「健康食品」は別である。

医薬品について、相談者が医師から、どういう処方を受けているかを承知しておくことは大切である。

私は、支障のない限り、相談者が服用している医薬品の名前を教えてもらう。それを、私はパソコンにインストールしてある『ピルブック』で検索してみる。すると、その薬品が、どういう病気や症状に効果があるものなのかが判明してくる。薬品は一種類ではなく、数種類を飲んでいる場合が多いので、わかる限り聞いて、検索してみる。『ピルブック』の検索は、そう難儀ではない。場合によっては、その薬品の出ている頁を印刷して、保存しておく。

たとえば、(1)「アレジオン20」、(2)「エバミール」、(3)「レンドルミン」、(4)「ハルシオン0・25ミリ」、(5)「レスタス」という薬品群を服用していたら、

(1)「アレジオン」……………アレルギーの薬(錠剤)
(2)「エバミール」……………導眠剤
(3)「レンドルミン」…………導眠剤
(4)「ハルシオン(0・25ミリ)」…導眠剤
(5)「レスタス」…………………睡眠持続のための薬品

という結果が導き出される。（2）（3）（4）は同じ効果の薬なのだ。なぜ三種類も同じ効果の薬を服用しているのか、と考えるのが自然だ。したがって、そのことを相談者に聞いてみる。すると、

「それは、そのときの症状というのか、雰囲気で、今夜は眠れそうだというときは、〝エバミール〟と〝レスタス〟だけにするんです。そうでないときは……」

という答えが示されて、三種類の薬が投与されている理由がわかってくる。

次に、

「食欲はどうですか？」

と聞く。

「あまりないんですよね」

「便秘してるでしょ」

「ああ、そうだ、忘れてました。医師《せんせい》から、便秘の薬をもらってます」

といって「アローゼン（0・5g）」を出して見せる。黄色い分包の袋に入った顆粒状《かりゅうじょう》の薬

品である。「アローゼン」には、漢方薬の「センナ」がブレンドされている。ゆっくりとした効果で安全性の高い薬品である。しかし、個人差によって下痢をすることもある。これは、アレルギーの薬である（1）の「アレジオン」によって、便秘や、頭がボーッとなる副作用があるためだ。その確認が出来たことになる。

「眠れなくなったのは、いつ頃からですか？」

「一〇年ぐらい前かなぁ……」

「不景気風が吹き始めた頃ですねえ……」

「それなんですよ。我々、小さな工務店なんか、もう、死んだも同然ですよ、あの頃からね！」

突然、相談者Tさんの口から、猛然と、愚痴が吐き出されはじめたのである。

あとは、うなずきながらメモを取ったりして、熱心に聞いていくだけである。愚痴は、一〇分や、二〇分は吐きつづけられるはずである。止めてはいけない。出し切るまでは、喋らせるほかはないのである。そのなかに答えが、幾つも入っているのである。すべてを吐き出せば、少しはスッキリするはずである。

このように、薬品から、現在の相談者の症状を逆にたどっていけるわけである。そして、話の糸口も見えてくる。

逆に、症状を聞いて、朝日新聞社から出ている、『先進医療』というCDも、インストールしてあるので、そこから、「ストレス」の項を引いてみる。

そして、

「〝ストレス〟っていうのは恐ろしいんですよ。あなたは良い医師《せんせい》についているから、非常に親切な薬の出し方をしてくれてますよね」

「ええ、とってもやさしい医師《せんせい》なんですが、お陰で、忙しい病院なのがタマにキズですねえ」

と、医師との信頼関係を強めるように持っていくことである。

一人の人間の肉体と精神を根気よく治癒《ちゆ》させていくのには、絶対的に、医師の力が必要であり、時間的制約のために、医師が、患者の愚痴を聞いてやれない。それを私たち「愚痴聞き屋」が、医師のサポートとして聞いていくことによって、精神的な不満が少しずつ開放されていくのである。

話を聞いていくうちに、相談者Tさんの工務店は、すでに倒産しているということが判明してきた。

相談を受ける僧侶（住職・副住職）は、圧倒的に、雑学の塊《かたまり》でなければならない。

相談者Tさんは、工務店の社長であった。社長といっても工務店自体が零細な有限会社であったため、バブル崩壊後、発注元であった地方型ゼネコンが、金融政策の転換からの銀行の貸し渋りのために、ツナギ資金にもこと欠く状態となった。メインバンク、サブバンクともに貸し渋り、やむなくマチキンに手を出す。約束手形を二度ジャンプしたが、限界がきて倒産。このあおりを受けて、ゼネコンからのそれまでの仕事の決済はしてもらえず、Tさんの会社も倒産。担保不足から銀行に、作業場などを追加担保として押さえられたため、倒産時には本社建物、工作場、資材置き場、さらに従業員宿舎から自宅までを、瞬時に差し押さえられてしまった。企業規模が小さいために、会社更生法の適用も受けられずに、一気に倒産という事態に追い込まれて、一切合切《いっさいがっさい》を差し押さえられたのである。

出入りの職方は四方に散っていった。

家を失ったTさんは、中高年になってから、作業員となり、重機を動かして働いているというのが、何十分間もかかって話し終えた、今日までのストーリーであった。

「狂い死にするかと思うほどに悩みましたよ。いきなりの連鎖倒産でしたからね。チャチな工務店なんて、やるもんじゃありませんね。一人で働いている現在の方がどれだけ楽か……。お陰さんで不動産すべてを手放した段階で、これといった借金は残りませんでしたけどね。何のために、これまで働いてきたのか。五〇歳すぎて、正直言って、重機を動かすのは楽じゃありませんよ。ま、家族がバラバラにならずにすんだのが、不幸中の幸いですがね」

すべてを喋り終えた時、Tさんは、ホッとした顔になった。

Tさんは、一人で三〇分以上を愚痴《ぐち》りまくった。家族にも、社員だった者たちにも言えず、仲間にも言えないで、胸の奥底にしまっておいた愚痴である。

「結局、政府も、銀行も、みんなグルなんですよ。弱い者たちが最終的には泣きをみるように出来てるんですよ、この世の中は。そんなこんなで、睡眠が上手《うま》く取れなくなりまして、導眠剤のお世話になってます。酒が飲めない体質だもんですから、寝床につくと頭が冴《さ》えちまって……」

Tさんのようなタイプだと、導眠剤に頼るほかはないだろう。

私は、相の手のようにうなずきながら、一切、私の方の意見は、言わなかった。話の内容は、典型的なバブル崩壊後の連鎖倒産である。

よく耳にする話であった。しかし、そんなことは口が裂けても言えないし、こういう場合には、

「頑張って」

と励ますのも厳禁である。

「頑張って」

などと言えば、

「頑張ってますよ。でも、これ以上は無理だね」

と反抗心を煽《あお》るか、気分を萎《な》えさせるかのどちらかで、良いことは何もない。このあたりは、相談の技術として、少々難しいところであるかもしれない。

「少し、休んで行きますか？　たまには、リラックスして下さい」

といって、洋間のリラクゼーション・ルームに案内する。

リクライニングシートに腰をかけさせて、ヘッドホーンで、α《アルファ》波の組み込んである音楽を聴かせて、室内の照明を落とし、アロマテラピーの香りを室内に流す。部屋は八畳ほどの広さで、恰好《かっこう》の広さである。ほかに治療などで使うベッドも置いてあるが、広すぎも、狭すぎもしない。外光は一切入らないようにしてあって、温度は少し暖かくしてある。

そうしながら、パットを体に貼って、微弱の電流を流すマッサージの機械で、疲労回復というコード（ナンバー）をかけてやった。

これで十分である。これ以上構う必要はない。これ以上構えば、逆にうるさく感じてしまうからである。

Tさんは α《アルファ》 波の音楽と、アロマテラピーの香りと、温度、それに暗くした照明というお膳立てのなかで、疲労回復のマッサージ・コードで、体を微かに揺らしていっただけで、昏睡といった状態に入っていった。α《アルファ》 波は、脳の刺激を和らげるのに役立つ脳波である。音階的には、D♭《デーフラット》 の音である。

Tさんの寝息が聴こえてきたので、部屋を出て、Tさんの愚痴のメモを、箇条書きに整理していった。

「生きて行くのは、つくづくと大変なことだな……」

と思った。

3　相談の実例（2）病気の早期発見

愚痴っても、なおストレスが残っている人もいる。愚痴れば、必ずストレスは軽くはなるが、すべてが癒《いや》されるというものではない。

愚痴のあとには、

「私はどうすれば良いんでしょう?」

という問題が湧《わ》いてくる。この場合のどうすればという問いは、「生き方」「生き甲斐」であることが多い。

ご主人を亡くした未亡人などに、これらに該当してくる例が多い。そのなかでも特に、子供のいない夫婦ほど、そうなってくる。愛情の「対象喪失」である。こうしたときには、何よりも、まず、

「故人を、ご供養して上げて下さい。そうすれば、必ず故人は、向こうの世界から、あ

なたを見守っていてくれますよ。どうするというよりも、今やらなくてはならないことがたくさんあるでしょう。それをね、夢中でね、整理整頓して下さい」

「そ、そうでしたね。やることはたくさんあるんです……で、ご供養の仕方なんですけど」

「簡単ですよ。ご主人が生きていたときと同じようにね、ご飯や、お水をあげてね。生きていたときと同じように、話しかけるんです」

「はい。で、お経は？　私、読めませんけど……」

「あなたが話しかけたら、それが最高のお経じゃありませんか。プロのお坊さんじゃないんですから、お経が読めないのは当たり前ですよ。そんな心配はいりません」

これで、相談者は、少しスッキリとした顔になる。このタイプは、二回目も来ることになる。こちらが親切にすればするほど、二回目も来るのである。「対象を求めている」状態だからである。誤解があつてはいけない。相談員の私が「対象」という意味ではない。それに「対象」は、必ずしも人間とは限らないのである。たとえば、ペットの犬や猫だったり、植物であったり、特別なコレクションであったりと、「対象喪失」は、いろいろな場合がある。

もちろん新しい恋人の出現ということも考えられるが、その場合は、新しい恋人は常に故人と比較されてしまう。そして、死亡した夫は、良かった面のみが強調されて記憶されており、悪しき面は、美化されて忘却されるので、新しい恋人は、故人には、イメージでは勝てないことになるのである。

俗諺《ぞくげん》に、

「生き別れの後妻にはなっても、死に別れの後妻にはなるな」

というのがあるが、これらのことを指しているのである。

それに、死亡直後では、新しい恋人というのはちょっと生々しすぎて、出来ようがないであろう。

第二回目のときには、相談者の心理面のプロフィールづくりをするために、手順通りペーパーテストを行う。

そのテストによって、相談者の心の中が、グラフになって現われてくる。相談者の心理面を、批判性・養育性・円熟性・合理性・自然性・直感性・適応性の七項目に分け、円グラフにしたものである（実務教育社出版刊）。実によく出来ていて、一目で全体像が表示される。


実際に、そのプロフィールを見せられると、相談者は、

「今の私の心って、こんなに変則的に歪《ゆが》んでいるんですか？　それに、円グラフの円が凄く小さいですね……」

「当然なんですよ。愛していた人を失えば、誰だって、心が縮みますよ」

「そうですか……」

「ですからね、この円の数値が少しでも大きくなるように、少しでも明るいことを考えて生活していくことが大事なんですよ」

「そうですね」

「結婚前はお仕事をされていたとおっしゃってましたね」

一回目の面接のときのメモを整理したものを見ながら言った。たいていの相談者は、この時点まで表情や雰囲気が暗い。明るかったら相談には来ないであろう。

「はい……また、仕事をした方がいいでしょうね」

相談者Sさんの年齢は四二歳である。女性の四二歳となると、再就職というのは難しい。それでなくとも不況で、男性の中高年や、大学新卒者でも思ったような仕事がなくて、やむを得ず、大学を留年している者が多い時代なのである。

しかし、その相談者Sさんは、薬剤師の資格を持っていたので、何とか好条件での就職が可能だとのことであった。ラッキーというほかはなかった。

けれども、Sさんの表情はさらに暗いし、膚《はだ》に艶《つや》がなくなっていた。一連の苦労のなかで、そのようになったのであろう。私は、そのことを指摘して、例の「尿占い」を受けるように言った。

Sさんは薬剤師の資格を持っているだけに、人間の体に詳しく、「尿占い」の方法と目

的を説明すると、

「占いというよりも、尿の測定ですね」

といって、検体用の罎《びん》を受け取った。

尿占いを了解したのである。

測定の項目は、約六〇項目に及んだ。結果は、第三回目の時に見せた。心理プロフィールよりも、さらに具体的に、Sさんの体と心の様子がわかった。

全体的に、内臓の調子が良くないのと環境ストレスなどがあり、特にストレスの数値が悪かった。

「病院に行ってますか？」

「いえ。葬儀後の処理に追われていて」

「だったら、病院を紹介しましょう」

と、友人の医師のクリニックを紹介した。疲労で、いろいろなところを傷めている感じがあった。

紹介した友人の医師の診断で、内臓に細菌が侵入している状態であることがわかった。どういう病気であったかについては、プライベートなことであって、守秘義務を破ってしまうことになりかねないので、ご勘弁をいただく。

私が、友人の医師を紹介するのが早かったことや、Sさんが、すぐにクリニックに行ってくれたことが効果を発揮した。友人の医師のすぐれた洞察力が病巣を診抜《みぬ》き、この早期発見と抗生物質の投与等々の適切な対処法のおかげで、Sさんは大事に至らないで済んだ。

Sさんは、薬剤師であったから、これら一連のチーム・ワークの素早い処置を、十分に、評価してくれる理解力を持っていて、素直に感謝してくれた。

4　医療を中心とするブレーンの輪

「総合相談所・よろず愚痴聞き所」を開設しようとするときには、周囲に、有能なブレーンを持つ必要がある。

ブレーンは、過去の自分の生活のなかで、いかに、友人、知人を大切にしてきたかによって、その人脈は異なってくるだろう。

ブレーンの筆頭に挙げられるべきは、先ず医師である。素晴らしい内科医で、それも開業医が良い。内科医は、病気の総合窓口なのである。内科医から、外科、整形外科、眼科、放射線科といったところに、適切に分けられていく。

現代の医学は、専科に急速に分科していった。そのために、専門医は、専門外については、診療したくないという面を見せ始めている。

だが、こと内科のそれも開業医は、言ってみれば、病気の総合商社なのである。病気や病人の入口だと言っても過言ではないのである。

総合愚痴聞き所で受ける相談は、体のことだけではない。たとえば、葬儀後の遺産に絡《から》んだことになると、弁護士が必要であり、税制面では会計士、税理士といった人物が必要になってこよう。あるいは遺された土地についての登記などでは、司法書士の意見が貴重である。

また、子弟の教育面についての相談もあるので、児童相談所や教育者の知識や実践を通してのアドバイスが有効となる。

さらには、病気での死ではない、変則的な死の場合がある。この時は「死亡診断書」ではなくて、「死体検案書」が必要になってくる。この「死体検案書」には、二種類がある。死体を放置するわけにはいかないので、取りあえず〝葬儀のための死体検案書〟が出される。ここが間違いを起こすところなのだが、この「葬儀用死体検案書」には、〝死因〟について、決定的なことは書かれていない。

したがって、この「葬儀用死体検案書」では、生命保険が下りないのである。死因の確定までに、一年間ぐらいかかることは、ごく普通にある。

この死因の確定された「死体検案書」でない限り、生命保険会社は、保険の支払い請求書類を一切受理してくれないのである。生命保険の有効期間はたいていが死後三年間であるから、請求権利が失効することはないが、「死体検案書」の発行までは、相当にヤキモキさせられることは確かである。こういうときには、生命保険のエキスパートの適切なアドバイスが必要になる。

さらに今後は、「介護」に関するケアマネージャーなどの人脈も必要なってくると思う。

5　予防医学の大切さ

病気をどのように治療するかということから、病気を予防する考え方、すなわち「予防医学」が注目されている。予防医学の見地からすると、「スポーツ・トレーナー」の存在も重要になってくる。

特に中高年になってくると、肩、肘、手首、指、背、腰、膝、足首といったところの痛みを訴えてくる人が多い。これらは加齢からくる身体部位の使用疲労が原因で、筋力が落ちたり、「運動失調」によることが多い。

そのために、年齢や、症状に応じた筋肉トレーニングの指導者が、必要になってくるのである。それが「スポーツ・トレーナー」である。絶対的に、必要な存在である。

ある症状を、医師に治してもらうという時代から、自分の意思で治していくという時代になってきた。そのために、発想の転換が必要な時代が来ているといえよう。

そうした時代の変化にともなって、「スポーツ・サプリメント」や「健康食品」が開発され、もの凄い種類と数量で、販売されている。大衆製薬メーカーまでが、イヤでも、この分野に進出してくるだろう。すでに食品メーカーは進出している。

コンドロイチン、プロテイン、カルシウム、鉄分、亜鉛といったさまざまなものが発売されている。

さらに、家庭用の健康器具や、テーピングの素材などが、売り出されている。チタンテープ、イオンテープなどといったものが出ていて、撥水性があるので、そのまま、お風呂にも入れるという新素材が出ている。

ただし、テーピングには、独特の技術が必要である。こうした技術革新にも、連動していく必要がある。

もっといえば、ストレッチのやり方も知っていなければならないし、勉強する範囲は広がるばかりだ。理学療法的な分野では低周波治療、（整形外科では）高周波治療も行っているが、これは一歩間違えると、人体に害を及ぼすので、専門家でないと扱えない。電磁波の治療もある。内臓系の「尿路結石」などは、大きな結石の場合、〝破砕療法〟として、結石に超音波などの物理的エネルギーを加えて、そのエネルギーで結石を粉砕して、体外に排出するという方法が用いられる。超音波は、インパルス（波形）によって、人体に有害なものがある。鋸波、三角波は危険であるが、正弦《せいげん》波や、半円、方形波は、大丈夫である。

そしてこうしたインパルスには、同調波というものが起こってくる。倍音と呼ばれるもので、ハルモニクス（ハーモニクス）のことで、音楽の基準音である「A《アー》（エー＝ラ音で、四四〇サイクルである）」を発信すると、同じA音であれば、オクターブ上の音は必ず共鳴する。弦楽器であれば、絃が共振する。さらに、五度離れた音も、協和音として受け入れ、さらに、三度の音も受容する。三度の音は、〝調性〟を決定する。こうして和音が生まれるのであるが、このハルモニクスによる共振の力は相当に強く、ニカワ質のもの（クラスター＝複数個の原子または分子が集合した構造単位を、分子内にもつ＝クラスター化合物）などは、量子波動や、超音波伝導（銃）での破砕は可能である。

こうした「波動」による「家庭用医療器具」も発売されている。イオンや遠赤外線利用のものが多いが、正直に言って、玉石混淆状態である。こうしたものは、「オシロスコープ」などで、波形をビジュアル化してから導入した方がよいだろう。

このような電子機器（家庭用）のなかには、かなり使えるものもある。もちろん、そうした機器類を選ぶためには、何度も試行錯誤を繰り返していくほかはないのである。なかには購入してみて、何だ、これは、というものもなくはない。というよりも、そうしたものの方が多いのであって、そのなかから、これなら使えるというのが、ようやくわかるくらいのものなのである。

6　主《メイン》は相談、補助《サブ》は坐禅や機具利用

人間の体には経絡《けいらく》という「ツボ」があるが、これは、東洋医学特有のものである。

その「ツボ」を心得ているものには、「家庭用電子鍼《ばり》」は、相当に便利なものである。

あるいは、同じような使い方が出来るものに、「電子温灸《おんきゅう》」がある。「電子鍼」の方は、鍼とはいっても実際に、金属の細い鍼を、人間の体内に打ち込むというものではない。電子のスパークが、鍼の効能と同じ役割をするということなのであって、鍼灸師《しんきゅうし》の使う鍼《はり》とは、まったく意味が異なっている。同様に温灸の方も、いわゆるお灸ではないから、肌が火傷《やけど》をするようなことはない。

また微粒子のインパルスを使う、電子マッサージ機も、同じことである。

こうしたものを覚えて、相談者に、ちょっと施術してあげると、とても喜んでもらえる。もちろん、治療費は、一切受け取らない。相談ご志納金のなかに含んでいるわけであ

る。

相談だけでは飽きてしまうので、「尿占い」や「家庭用医療器具」を使って、目先を変えるのである。要は、相談、カウンセリングが主《メイン》の役目であって、テストや、「尿占い」は、補助《サブ》の仕事である。私は現代仏教での「毉法《いほう》」は主《メイン》も補助《サブ》も含めた総合的なものであると考えている。

一歩誤まって、踏み込み過ぎてしまうと、問題が生じてくる。現代では、医療行為には法律がつきものであるから、それは犯すべきではない。

あくまでも、「家庭用医療」や、許可の取れている、怪しくない、薬局で売っている大衆医薬の紹介や、「健康食品」というサプリメント、あるいはストレッチの方法、さらには、テーピングの仕方などを、指導・紹介していくのである。チタンテープも、ただ貼れば良いということではなくて、効果的なテーピングの方法というものがあるので、これをマスターしておかなくてはならない。イオンテープについても同様である。

しかし、こちらを主たる業務にしてしまうと、治療院と勘違いされる恐れがある。あくまでも寺院の相談所なのである。そのためには、あくまでも、相談を主にしなければならない。

そのために、補助の中に、坐禅、瞑想法、観法（内観法）、自立訓練法等々の、精神面の健康を取り入れる必要がある。

私の相談所では、そうしたための部屋も用意してあるので、そこを使って、アロマテラピー、香といったものを使い、照明を落として、温度を適切にして、静かなヒーリングミュージックで、制作の初めから、θ《シータ》波や、α《アルファ》波、mα《ミッドアルファ》波を、あらかじめ入れてある音楽を流して、癒しの時間を過してもらう。

こういう、精神衛生面でのサポートを十分にしてから、「家庭用医療器具」の説明法を十分に行って、出来れば、自宅でも行える方法を指導して、器具の購入の手伝いなんかもしてあげる方が良いだろう。メーカーが異なると、価格も違うが、効果もまったく違ってくるものなのである。

リハビリ関連というわけではないが、ストレッチにしても、最近では、ベルト式で電動筋肉マシンのようなものが、TV宣伝のお蔭で、ブームになっている。

これも、何種類ものメーカーが造っているようである。良いものを選ばないと、筋肉痛になったり、肌を火傷《やけど》してしまうことになりかねない。使用法を間違えると、こうした事故も発生してしまう場合がある。

7　医食同源と日本人の健康教

今後、ますます注目され、大切になってくるのは「医食同源」という考えである。食事の摂取に関して「栄養士」の存在がもっとクローズアップされても良いと思う。さらには、運動という面で、一般人に良くわかるスポーツを、生活の中に正しく取り入れていく大切さを痛感している。私自身、スポーツは、野球、マラソン、オリンピックと、テレビで観るものと思い込んできたところがあって、その認識不足には、自分でも羞恥を覚えるほどである。いろいろな人たちと接していくなかで、肥満の怖さもさることながら、痩身というのも怖いと感じている。痩身の人の代表に、胃下垂《いかすい》が挙げられるが、胃下垂の人は、たいてい大食漢である。それが原因で、内蔵下垂を惹き起こしてしまう。特に、腎臓が影響を受けやすく「腎下垂」を起こす。健常者であっても、腎臓は、深呼吸するだけで、五、六センチは上下する。それを押さえているのは脂肪分や筋肉なのであるが、それがないか、腹筋や背筋が弱っているために、一〇センチ以上も腎臓が下垂してしまう例がある。そうなると、腎臓から尿を膀胱に送っている尿管に支障が出て、血尿、濁尿が出るようになる。

血尿には、顕微鏡で見なくてはわからないレベルのものと、肉眼で判別出来るレベルのものがある。放置しておくと、「尿路結石」などの合併症や、副次的な症状を惹起《じゃっき》することとなる。そうなったら手術しかない。あるいは、超音波によって、結石を粉砕して排出するという方法を取ることになるのだけれども、腎臓が上に行かない限り、根本的な治癒には至らない。治癒のためには肥ることが必要である。そして、そのためには、正しい腹筋や、背筋をつけることが重要になってくるので、一般人のための正しいスポーツの普及が大事になってくる。その普及には、「スポーツ・トレーナー」が、欠かせない存在になってくるのである。

筋肉というのは、運動をやめると、途端に衰弱してしまう厄介な代物でもある。補助食品として「プロテイン」などがあるが、これも、運動をしない限り、摂取しても余り効果はないと言われている。

いま、「健康食品」がブームになっている。「サプリメント」ということで、ビタミン剤や、その他の錠剤や、カプセル、液体を食事を摂《と》るようにして摂っている人を見かける。しかし、「サプリメント」は、健康のための補助食品なのであって、メインは食事そのものである。けれども鉄分や亜鉛は、食事ではなかなか取りにくいので、「サプリメント」で補助していくということなのである。特に、亜鉛は、男性の性生活に効果を発揮するというので、摂取する人がいるが、取りすぎても問題はある。

そうした面での「サプリメント・アドバイザー」のような人が必要になってきている気がする。

ここまで市民生活の中に入り込んできてしまったサプリメントを、いまさら排除は出来ない。だとしたら、正しい摂取を指導してくれる人がいなくては困る。現在は、玉石混交である。

日本人が、一様に「健康教」という宗教でも信じるように、サプリメントを買っているのである。

この分野にも、正しい指導者が必要な時代になったような気がする。

8 相談の実例（3）霊が憑いている相談者

さまざまな仏具（法具）があるが、在家の方々が使っている法具と、僧侶の使っている「寺院仏具」では、随分と異なっている。宗派によっての違いもある。

たとえば数珠である。

臨済宗では、儀式用の房のついた数珠と、看経《かんきん》数珠という、もっとさっぱりした様式の数珠とがある。

天台宗のものなどは、ソロバンの珠《たま》のような形状になっているが、実を言うと、私は、この天台宗の数珠が好きで、良く用いている。ここでは、相談者との応待に仏具を用いる例を述べる

祈禱と数珠

仏教の祈禱のなかには、「治病祈禱」というものがあり、そのための「回向文《えこうもん》」も、法式集の中《なか》にある。

臨済宗に限らず、各宗派に、そうした祈禱というものがある。

日蓮宗では、「木剣」に数珠を取りつけて、数珠の掛珠《おやだま》を、「カキン！　カキン！」と鳴らして唱える。

真言宗・天台宗には「護摩祈禱」がある。

このように法具には、それぞれ宗派ごとに特徴がみられる。私は祈禱中や祈禱後、ケース・バイ・ケースで相談者の患部や、頭、背中、肩などを、数珠（とは限らないが）で撫《な》でてあげることがある。撫でられた人の多くは、

「たいへん気持ちが良い」

という感想を抱く。

祈禱の持っている力を、論理的に説明しろと言われても、なかなか解説出来るものではない。それは、もっと感覚的なものなのかもしれないとも思っている。

たとえば、毎年、神社仏閣に、初詣に行く人に、なぜ行くのか、論理的に説明せよといっても、これは難儀なものがあるだろうと思う。

人間は時として、理屈だけでは割り切れない奇妙なことをやる生きものなのである。

工事関係者などは、それでなくとも危険な仕事なので、縁起をかついで、起工式や建《たて》前《まえ》、棟上《むねあ》げ式などを行う。あるいは、ビルの完成のテープカットだとか、説明のつかないことはたくさんある。

そんなわけで、

「祈禱で病気が治るのか？」

と質問されたら、

「祈願者の納得度の問題である」

としか答えようがない。

人間には、最終的には神頼みという部分があるのである。「合格祈願」にしてもそうであろう。

もっとも、数字の結果がすべての世界といえる証券取引所でも、年末だか、年始には、「お手を拝借！」とか言って、〝締め〟を行う。科学技術の固まりのような豪華船の操舵室に、神棚が祀られてあるのを見たことがある。科学を信じ切っているのだったら、神棚など不要であろう。

そこに、どうしようもない人間の弱さがあって、人智では推《お》し測れない、自然（宇宙）の、「恩恵性」と「怖畏性」があるのだと思える。

自動車といえば、メカニックの固まりみたいなものである。それなのに、正月になると、車にしめ飾りをつけているのを見かける。

メカニックと神仏などと言ったら、もっとも遠い存在同士ではないかと思うのだが、面白いことに、宇宙飛行士が地球に戻ってくると、信仰深い人物となり、宗教家になってしまった、という例も多く報告されている。

一体、宇宙で、何を観て、何を感じたのか。非常に興味が湧く。

祈禱で病気が治るのか?――

少なくとも、祈願したほうが、治癒しようと努力する力が湧いてくるといえるだろう。

「もういいや……」

と生きる力を放棄した瞬間から、病人の生命力や自然治癒力は極端に落ちてくるものである。

「何としても生きるのだ!」

という生への執着力が、病気を克服していくことはいくらもある。

「何としても生きるのだ!――」

病人に、そう思わせることこそが、祈禱の力であると私は思う。神仏祖霊の持つ、不可思議な力というほかはない。それを理路整然と、信仰心のない現代人にもわかるように説明しろと言われても、私には、

「そういう不思議な力も、この宇宙にはある」

としか言えない。

相談のあと、祈禱でスッキリ

相談者のなかには、病院の精神科に通院しているのだが、いっこうに良くならない。医者の出す薬を飲んでも効かない、と言って相談にくる人がいる。そうした人のなかに、

「霊が憑《つ》いている」

などと訴える人がいる。こうした人の場合、愚痴聞きをしたあとで、理路整然とした話を、どんなにしてもダメで、それよりも、経典の読誦などの祈禱で、気持ちを落ち着けてくれることが多い。

相談者の話をある程度聞いたら、本人のためにお経をあげてあげるというのも重要なことと考えている。この段階でのお経は、まだ祈禱ではない。それから改めて話を聞き、相談者に即した対処法を考える。しかし、その前段のお経で、倒れてしまう相談者も実際にはいるのである。

昏倒《こんとう》した場合、たいていの人が訳のわからないことを言う。これまでの経験から言えば

これには二通りの例がみられる。

(1) 本当に霊が憑依《ひょうい》しているもの。

(2) 霊が憑いたと称して、実は自分の罪を吐露する者。

このうちの(1)の相談者は本当に厄介で、それなりの支度をこちらもしなければ、祈禱には入れない。もの凄い力で暴れ出したりする人がいるからである。女性だからと思ったりしていると、体力のない者ははね飛ばされたりしてしまうくらいの力を出す。それは怖いぐらいの力の発揮である。

だからといって、物を毀《こわ》すといったようなことはしない。そんなことをしたら、後の弁償が大変だから、霊も、そのあたりのことは計算しながら暴れているように、うかがえる。その理由を、一度聞いてみようかと思うほどだ。

しかし、目の前で実際に倒れられてみると、実際にはこんな冗談も言っていられなくなる。

そういうときは、私が審話《さにわ》になって、霊のいうことを聞き取らなくてはならなくなる。

（２）の場合は、擬似的に霊が憑《つ》いたといって、自分のなかにある罪の部分を告白しているので、これは冷静に対処すればよい。

でも、途中で、

「何だ、お芝居か」

と気がついたときに、二つの気持ちが湧いてくるものだ。一つは、

「何だよ嘘つき。駄目だよ手間ヒマかけさせては……」

という気分である。それと同時に、

「ああ、こんなお芝居までしないと、自分の本音を告白出来ないというのは、気の毒なことだな……」

と感じてしまう。

この手の人の多くは、一流会社に勤務している人の奥さんだったりする。告白内容は、

不倫問題が圧倒的だ。

その不倫の始末が、自分でつけられないで苦悩して、本当に病気みたいになってしまったのだ。こういう女性《ひと》は、根が生真面目《きまじめ》な性格が多い。だから、魔が差したとでもいうのか、自分の犯した不倫が、強い罪の意識になってしまっている。それを克服出来ないで懊《おう》悩《のう》し、霊のせいにして相談に来たのだ。

真相を知る必要があるから、ご主人とのセックスのことなども聞き出す。たいていご主人は仕事で忙しく、奥さんを構ってあげていない。奥さんも生身の体で、三〇代、四〇代であるから、そういう欲求はたくさんある。

それで、同級生だった男性と、男女関係になってしまったという。離婚するつもりはない。現在の家庭生活には満足している。ところが、不倫相手の方には、そんな経済力はないし、結婚もしている。だから不倫相手と決着をつけたいのだが、相手は別れたくなくて、場合によったら離婚して、改めて結婚してもよいと迫ってくるという。

聞くだけ聞いてから、目を覚まさせてやる。たいていは泣いているので、お化粧もはげている。

「ともかく、顔を洗って、化粧も直していらっしゃい」

と洗面所に行かせ、戻ってくると、彼女は、

「先生。霊が何か言いましたか？」

と訊いてくる。

「言いましたよ。大切なことをね。色情の霊がついていたんだね」

「色情？……」

「そうだよ。エロスの霊だな」

と、私の方も芝居につき合わされる羽目になる。

「やっぱり、そうですか……」

「その霊と、すっぱり別れたいのかね？」

「はい……」

「わかった。その霊の住所、氏名、年齢、電話番号を書いて下さい。霊とあなたと私の

三人で合って話をつけましょう。ご主人に知られないうちにね」

「……」

彼女はうつ向いてしまう。霊ではなく現実であることに気付いた瞬間である。

「どうしました？　今のままで良いんでか？……」

「いえ……」

「自分で決着がつけられますか？」

「は、はい。決心がつきました。主人を裏切った私がバカだったんです」

「そう。自分でまいたタネだ。自分で意思をハッキリさせて、相手に通告して、二度と合わないことだ。それでも、相手が執拗に迫ってくるようなら、和尚さんが立ちあいますよ」

「ありがとうございます」

その女性から、久しぶりに年賀状が来て、ご主人との間に子供が産まれたという文面だった。

「ま、一件落着だな……」

と安心する。「よろず愚痴聞き相談所」ならではの、解決例の一つであるが、結果として幸福になってくれたことで、心から、

「よかったね」

と呼びかけ、自分自身に対しても、

「役に立っているんだ」

と実感できる瞬間である。

今日でも仏教医学として、日常生活の中に根強く定着しているチベット仏教の法具には、病気治療の道具として、驚くほど効果を発揮するものがある。私は相談者との応待の際に、数珠をはじめ、さまざまな法具を活用している。

相談の実例（4）明日のあなたかもしれない

四〇代を〝不惑《ふわく》〟という。三〇にして立つ、四〇にして惑わず、五〇にして天命を知るといい、六〇歳で〝還暦《かんれき》〟、子供に還《かえ》るのである。

「人は、ほどほどの年齢で逝《い》く方が良い」

という人がいる。かなりのご老齢の方が言うのである。理由は、あまりにも長寿であると、友人、知人、夫もしくは妻にも先立たれて、気がつくと、世代を共有している者は誰もいなくなってしまうので、ひどく孤独になり、単に生存しているだけということになってしまう。

この状態では、「生き甲斐」も消失しているし、肉体的にもいろいろな部分が不自由になっている。場合によっては、寝たきり老人で、家族の重荷になっているという、負荷のかかった思いを抱いて、ただ生存しているのである。

「早く、お爺さん（お婆さん）に迎えにきて欲しい」

と先に逝《い》った連れあいが、あの世から迎えに来るのを、ひたすら願っているだけの日常になってしまう。

「早く死にたい」

というのは、老人のイヤ味であるとは、絶対に言い切れない。本音でもあると言って良いだろう。

名優森重久彌は長命で、芸能界の最長老といってもよいであろう。

有名芸能人の葬儀や法事で、あいさつをし、それが報道される。

「順序（年齢）からいったら、私が先だ。（死者と）代わって、逝《い》きたい」

と涙ながらに述べている。あれは、お芝居ではない。演技をする必要はないのだ。

現役を引退した老人の葬儀というのは、本当に淋しいものがある。子供たちを除いたら、あるいは子供たちの社交儀礼での弔問客を除いたら、ご本人の直接の知人・友人というのは、何人参列しているのだろう。高齢になるにしたがって、その数は少なくなっていく人生の幕切れの在《あ》り方を、しみじみと考えさせられるのである。人は、社会とのつながりや、収入源を絶《た》たれたときに、突然、不安や恐怖を覚えて、精神《こころ》が歪んでいく。

まだ老人ではない。働き盛りの四〇代のご夫婦で、奥さんの方が相談に来た。熱海分院の「愚痴聞き所」に来たときから、彼女は顔面蒼白《がんめんそうはく》で、かすかに全身を顫《ふる》わせていた。双眸《そうぼう》も虚《うつ》ろであった。

相談の最中に、彼女は、振戦《しんせん》（激しい振《ふる》え）を起こして、半ば意識を喪失して、昏倒《こんとう》した。

相談の内容は、夫が職を失って、生活に不安を抱いて、不眠症となったので、精神科に行って、誘眠剤と精神安定剤を処方してもらって服用していた。しかし、薬剤が癖になって止められなくなったというものだった。悩みを訴えているうちに、全身の振えの様相をあらわしはじめたのである。

「妙だな」

と私は思った。職を失ったご主人は、その後、別の会社に転職が決まって、以前の会社よりも、高収入になったという。最近では珍しく、幸運な転職が出来ているのである。不眠になるほどの不安定要素は、取り除かれているのであった。

「普通、誘眠剤とか、導眠剤《どうみんざい》と呼ばれているものは、眠りに入りやすくするもので、睡眠を持続させるのは、また別の薬なんだよ。まあ、レンドルミン、エバミール、ハルシオンといったもので、睡眠安定剤としては、レスタスが組み合わせになるかな」

と私が彼女に、世間話的に薬の話をした。彼女がどんな薬を服《の》んでいるのかを知りたかったので、水を向けるように言ったのだ。すると彼女は、

「見てください」

といって某精神科の名入りの薬袋を差し出してきた。私は薬袋に記入されていた薬の名をメモしていった。私の友人のなかには脳外科医で、精神科も併設している病院の院長もいたので、ばあいによっては、彼女の症状を、服用している医薬品から、訊《き》いてみようと思ったのである。

しかし、メモしているうちに、訊くまでもない薬品の名がズラズラと数種類も出て来た。念のために、『日本医薬品総覧』（メディカルレビュー社刊）を引いてみた。同書は年鑑で、電話帳のように分厚い。

彼女が服用している数種類の薬品を検索し終えて、私は、

「参ったな……」

という気分になった。私の予想通り、数種類の薬品から得られた結果は、「分裂病」に処方される薬品群だったのである。

「なぜだ？……」

と私は首をひねった。実は、私は、彼女とは古い付きあいで、二〇代の頃から知っていた。まだ結婚する前で、銀座のクラブのホステスとして働いていた頃に、客とホステスの関係で知っていたのだ。クラブは、文壇バーと呼ばれている店の一つであった。私は僧侶になる以前から、物書きとして生活していたので、編集者などとその店に通っていた。結婚と同時に店を辞め、専業主婦になたという噂は聞いていたが、それ以来、会うこともな

かった。

店では、飛び切りに、「明るいコだな」との印象はあったが、言動に、精神病を予感させるようなところはなかった。

これは私の推理であるが、彼女はご主人の失業で、生活に不安定を覚えて、「私も働かなくてはならない。でも私には、ホステスの経験しかない。ホステスは若いときにはチヤホヤされても、一定年齢以上になったら容易な仕事ではない。私はもう四〇代ですもの、無理かもしれない。だったら私に、他にどんな仕事ができるの？　経験も、技術も、資格もない。専業主婦の四〇代の女性に出来る仕事って、何があるの？……」

彼女がそのように考えたのは、ごく自然である。そして、そのことは、相談のなかでも彼女自身が口にしていた。

そうした環境（状況）ストレスが、彼女を情緒不安定にしていったのだろう。そして、彼女自身の判断で、精神科医の門をくぐった。

内面では、苦悩している彼女だが、彼女特有のサービス精神で、外に出ると、つい、無意識のうちに、明るく振る舞ってしまう。恐らくは、精神科医の診察中にも、そうした姿勢は崩さなかったのであろう。

精神科医は、苦悩の種類や、精神の不安定や、不眠の訴求と、明朗すぎる振る舞いから、「分裂」という診断をし、「躁鬱」も入っていて、目下は、躁状態と見たのであろう。

その結果、脳の細胞である「ニューロン」の受容体で起こる、神経伝達物質（シナプス小包）の量を押さえて、躁状態を鎮静化（シナプス小包の余剰を平行化する、という表現が用いられる事が多い）させる医薬品を処方されたのであろう。その他、精神科系の薬品が処方されていた。

「こんなに服《の》んで大丈夫なのかなあ？……」

と思うほどである。そして、その心配は的中して、熱海分院での相談中に突如として、禁断症状を惹《ひ》き起こしたのである。

彼女は薬によって、強制的に鬱状態になってしまっていたのだ。シナプス小包の量を、薬によって、強引に制限されてしまったから、当然、表情も暗く、全体的に陰鬱な感じになってしまう。それを嫌ったご主人が、薬を全部取り上げてしまったのである。

しかし、こうした精神科系の薬の多くは、一定期間以上服用すると、中毒性を持っていて、急激に服用を止めると、いわゆる禁断症状を起こす傾向がある。

ご主人はそのことを知らずに、薬を取り上げてしまったのである。服用の中止は、漸減《ぜんげん》していかなくてはならないのである。実に厄介《やっかい》な薬であった。麻薬的な危険度の高い薬である。

医薬品というものは、基本的に毒である。「主作用」と「副作用」という裏表があるのだ。ある部分では、非常に効果的な治癒能力を発揮する（主作用）。しかし、必ず副作用という裏面を持っているのである。

精神科系の薬には、この副作用が強く、多岐にわたっているものが多い。めまい、内臓各部位への悪影響、排尿困難、便秘、嘔吐感、歩行困難、幻覚、幻聴、不安、恐怖、自殺願望等々、どれ一つを取っても、恐ろしくなるような副作用が列記されている（『日本医薬品総覧』）。これらは、禁断症状になると、一気に重層的に顕著になってくる。

主作用に対して、副作用という対価（代償）が、余りにも大きい医薬品群である。

彼女は、その対価をイヤというほど、支払わされていた。体温調節中枢も犯されるので、熱が出たり、逆に急激に冷却して、手足が冷え込んだりした。呼吸も苦しそうであった。そして幻覚を見ているのか、意味不明のうわごとを呟きつづけているのである。さらに、全身が振戦《しんせん》（激しい振え）に襲われつづけていた。

私は、思わず救急車を呼ぼうか、と思ったほどであったが、禁断症状だと判ったので、彼女の家に電話をかけて、ご主人に迎えを依頼した。家は小田原だったので、新幹線でとんできた。

彼女がなぜ、突然、私のところに来たのか不思議であった。後日、その理由を訊いたところ、

「私にもわかりません。ただ、先生がお坊さんになって、お寺の住職さんになられたのは知っていました。先生の本に、祖母《ばあ》さんと、お母さんが霊媒師であったと書かれているのを読んで記憶していたんです。それでとっさに、先生のところに行けば助かると思った

んです。あのときに、私の頭のなかに襲ってきた恐怖というのは、物凄いものでした。宇宙のような暗闇の中から、とんでもない形相の鬼たちが無数に現れて、ああ、私は死んでいるんだ。そして地獄にいるんだって思ったぐらいです」

「確かにね。薬の副作用のところに、恐怖というのがあったけどね……」

「あれは、単なる恐怖ではないわ。ああ、そのことを思い出すと、また、あの恐怖が襲ってきそう」

と実際に、振戦しかねない様子だったので、話題を急いで変えた。

彼女は、その段階で、週に二回、私のところに通いはじめて、一ヵ月を経過して、かなり、落ち着きを取り戻していた。禁断症状の山を越えるまでは、それこそ、私も臨戦態勢であった。光が眩《まぶ》しく感じるということから、彼女がリクライニングの椅子に腰掛けている背後に、ローソクの明かりだけで、彼女の心が和《やわ》らぐようにした。

初めの頃は、彼女の絶えず発している言葉も、呪文のようで、まったくわからなかった。次第にわかるようになり出して、応対ができるようになった。彼女の言葉は、霊が憑依《ひょうい》したのかと思うように、死後の世界のことや、宇宙から何者かが攻撃してくるといったり、まったく脈絡のない状態が延々とつづいた。

そして、振戦した。すると、彼女は、恐怖のためであろうか、振えが止むまで、抱いていて欲しいと望んだ。

私は他のことは考えられないので、彼女が希望するままに、幼児を抱く気分で、抱きつづけた。その間も、彼女はうわごとを発し、

「私は死んでるの？　生きてるの？」

などと訊《き》いてくるのであった。私にとっても、こうした事態というのは、相談（カウンセリング）などという領域を越えた、「格闘技」の世界であった。そして時々、正気に戻るようになりはじめた。やがて、正気の時間の方が多くなっていった。

「もう少しだ。もう少しで彼女は禁断症状から抜け出るに違いない」

私も希望を持ち始めていた。私の抱く気持ちは、敏感に彼女に伝わっていった。

現在、彼女は、副作用の後遺症のようなものに悩まされてはいるが、ほとんど正気の時

間を維持している。

今後はどんな課題が待ち受けているのか？　どんな難題でも、あの死の淵のような、禁断症状からの脱出を考えれば、乗り越えていける気がするのである。

こんな激しい、精神的格闘技は、六三歳の私よりも、もっと体力のある、若い副住職さんたちの方が適しているし、似合っていると思う。どうですか？　こんな必死での精神的格闘技の世界があるのである。

宗派別で修行の仕方というものは異なっていると思う。

けれども、こうした形での、社会との接し方も、一つの菩薩行というものになるのではあるまいかと思う。

生きている人を、必死で救う。これも寺院の在り方だと思う。医薬品だけが、治病の手段ではない。医療外の毉法《いほう》も存在することを、今、私は身をもって体験し、勉強させていただいたと感謝している。

こうした形での副住職の活動の仕方もあるのだと思っている。チャレンジしてみようと思う、若い副住職さんたちがいたら、宗派にはこだわらない。私の持っている技法は、いつでも伝えて差し上げたいと思っている。

希望者がいるなら、そのための塾は、いつでも、熱海分院で開塾出来る。今後の寺院の在り方を決定していくのは、他でもない、若いエネルギーのある副住職さんたちなのである。八畳にお部屋一つで、こうしたことは実践出来るのである。無限の可能性を秘めているのが、こうした精神的格闘技の世界なのである。

医師の治療を妨げてはいない。それどころか、彼女は、私の紹介した心療内科にも通院しだしている。医師との二人三脚が、十分に成立する方法なのである。

今まで、私は「よろず愚痴聞き屋（カウンセラー）」と称してきた。しかし、ここで私は改めて、現代の『毉《い》法《ほう》師《し》』という呼称を提案してみたい。

チベットには「医学僧」と呼ばれる僧侶たちが現在でもいる。国情が異なるということはあるだろう。だが、醫《い》ではない「毉《い》」を探究する『毉法師』の存在は、きっと社会の役に立ち、仏法を興隆させていく基《もとい》になるものだと確信している。

「なぜ、仏法に、薬師如来がおわすのか？」

仏法、仏道の原点に、一度、立ち返ってみようではないか。

既述した通り、分院には「人体模型」と「骨格模型」がある。私は〝人体如来〟であり、〝骨格菩薩〟だと信じ、尊《たっと》んでいる。『醫法師』の定着は、若い副住職諸僧の力にかかっていると信じる。

こうした日常的活動をすることで、人の死、人の命の重さが、切実にわかってくる。そうした僧侶たちの読誦する、葬儀・法要での供養は、必ず聴く者たちの心を揺さぶらずにはおかないだろう。死者への鎮魂の響きとなる。

『醫法師』たちの読経こそ、真の読経である。命の貴さと、常に対峙《たいじ》している僧侶たちなのだから。そうした心の持ち方を「醫道」と呼ぶ。

醫法師の使う、すべての技法を「醫術」と言う。

すべては、釈尊の「醫の分光」である「薬師如来」に、帰納されてゆくのである。

これこそ「般若（仏智）」である。

一休禅師は曰《い》う。

「こころはんにゃならねば、真の般若ならず」

と——。心得るべきことである。今、仏道は、文字《もんじ》般若のみに堕《だ》してはいないか。

乞《こ》う。有志の若き僧侶・副住職よ。竪法師の道を往くと、挙手して欲しい。

六　副住職の生きがい見つけ

1　副住職の皆さん、やることたくさんありますよ

これまでに述べてきたなかに、若い僧侶・副住職が活躍出来る場が、随分あるように思えてならない。そう思っているのは私だけであろうか。

現在、寺院仏教・伝統仏教は、大袈裟にではなく、間違いなく死活をかけた、大きな曲がり角にきている。

自分の宗旨・宗派の興隆があれば、それでよい。自分が住職を勤める寺院が檀家との関係もほどほどにうまくいき、経済的に安定していれば、それでよい。すでに、寺院の後継者も出来ている。孫も出家得度を終えている――。

これなら、間違いなく、お家安泰である。

また、その安泰を維持するためには、すべて先代住職が行ってきたことを、そのままに踏襲して、他寺院と同じようにして、一切変革をしない。それは、自分が晋山した寺院に、波風を立てないことであり、それこそが、寺が未来永劫に永続していくことなのだ。それが寺院経営の最たる秘訣である。他の雑事はすべて、ほどほどでよい――。

これも、安泰の道である。

そしてもとより、これだけ長い歴史のある伝統仏教である。変革のしようなどはないし、大本山の内局の命令や指示通りに動き、教区部長の伝達に従うことのみが、すべて大切なことであって、それ以上に、下手に動くと、風評は悪化してしまう。各種の行事はすべて、法式マニュアル通りにしておけば、間違いはない。少なくとも、自分の代で寺院を傾けさせるようなことはしたくない。

すでに自分で第一八世の住職である。これを自分の息子である第一九世に受け渡していくこと、これ以上の「主要命題」は不要である。○○山××寺は、金看板なのだ。これを死守すること以外は邪魔外道の道である。

このままやっていれば、すべて、無事に丸く納まる。他に何が必要なのだ。黙々と、寺院を磨いていればよい。それが、僧侶の本分である。

墨守《ぼくしゅ》することをもって貴《たっと》しとなす。そこから外《はず》れることは、不徳となる。奇妙なことをやれば、新宗教となってしまう。寺を殺すのは、檀信徒の風評である。現在のままで、十分に生活出来るではないか。他に何を改革するのだ。仏教は完全で、十分に信じられている——。

これらの考えは、改革の対局にある考えだ。

もしも、各僧侶がこのように考えているのなら、官僚、なかんずく、悪評の高い外務省と、何も、その心根において変わるところはない。

少しでも墓地を増設して、収入の確保をはかり、併せて檀信徒の帰崇を受けたいものだ。しかし、やることは、葬儀と法事以外には何もない、と。

何たる老いた風光であることよ。

しかし、これが、寺院の現実ではあるまいか。ラッキョの皮むきではないが、むいてもむいても皮ばかりで、何も出てこない。

その間に、宗教的地盤は、新宗教に総ざらいに奪われて、都会はもちろんのこと、今や地方の小都市に至るまで、葬儀の窓口の大半は、葬儀社に取って代られて、寺院・僧侶は、そこから仕事を受けている。

そういう葬儀を取り巻く底流の変貌にも興味を抱くことなく、ひたすらに、庭の小砂利に舞い落ちた枯れ葉を掃き、朝課・晩課の読経に明け暮れる。これほどの風流はない。それも〝境涯〟であれば、批判に及ぶべきことではない。

しかし、副住職で、時間があり余って、何をして良いのかわからないという青年僧も、きっと多いはずである。

僧堂で修行したこととは別に、現実の社会に出てみて、

「自分に、僧侶として、何が出来るのか？」

と、真剣に考えている人は多いのではあるまいか。自らの、僧侶としての存在理由を本気で考えている人は、大勢いるはずだ。そのための研究会でもあればよいのだが、うまい具合のものはなく、一人で悶々としているのだとしたら、辛いものがあるだろう。

そういう人たちのために、この本を書いたつもりである。

「副住職の皆さん、やることは、たくさんありますよ」

といった意味である。

2　大切なのは一歩の踏み出し

東京の僧侶で、自分たちで仲間を集めて、葬儀社を創設したグループもあるという。それも一つの行動の形であり、方法であると思う。ボランティアの会を創り、海外に出掛けていった若手僧侶のグループもある。

活動の仕方は、それぞれであろうと思う。

こうでなくてはならないということは、一切ない。そして、結果を問うこともない。真剣にやったことなのであるから、それで十分なのである。

大切なのは、今、一歩を踏み出すことである。

東京の四ツ谷にある寺院では、本堂を広く開放して、文化活動に場を提供している。コンサートや、小劇団のために、場を提供して、文化の発展基地としているのである。素晴らしいことだと思う。バンドを作って活動している僧侶のグループもある。

一歩、踏み出すか、じっとして、悶々としているか。

「青年なら踏み出せ」

と言いたい。

ともかく、ぶつかってみようじゃないか。そうでなかったら、何の結果も出ないのである。

よろず愚痴聞き屋の一団として、老人ホームを訪問するという方法もあるだろう。老人たちは、若い人たちが訪れてくれるのに飢えている。きっと歓喜してくれることであろう。マン・ツー・マンで、悩みや話を聞いてもらえるチャンスは、滅多にあることではない。

老人たちの真実の悩みが、どんなものなのか、偽りのない声を聞いておくことは、有為義なことである。師は、どこにでもいる。涙を浮かべて訴える老人の声が、師とならないはずはない。

総じて、僧侶は、もっと寺院から外に出なくてはいけない。広く、社会の苦しみ悩みの声を聞いて、自分の血肉にしていかなくては、ならないのである。死んでからの仏教ではなく、生きている最中からの活《い》きた仏教にしていくことは、一にも、二にも、僧侶自身の行動に、かかわっていることなのである。

お施餓鬼、施食会で、檀家を寺院に集める。だが、現実には、次第にその数は減少している。そして集まってくるのは、お婆さんばかりなのである。若い人たちの姿は、ほとんどない。

この一事をもってしても、伝統仏教の危うさは、ひしひしと伝わってくる。

坐禅会を催しても、まず持続して、やっていくことは難しい。

それこそ、アクセスの良い寺院ならば、パソコン教室でも開いた方が集まりは良いであろう。もっとも、アクセスの良い寺院は、そんなことをしている間もないほどに、法務が多忙であるのに違いない。

そうしたあたりに、大きな矛盾が生じてくる。何をやっても、アクセスの悪さ故に、人の集まりが悪い。だからこそ、日常も時間が余っている。檀信徒の数も減少一方であるということになるのである。こうした悪循環を打破することが困難なのである。

現状のままでゆけば、幾つかの大寺を残したまま、多くの寺院が、立ち往生していく姿を見ることになるのは、そう、遠い日ではない気がしている。

3　住職の退山を待つ生活から脱却

「よろず愚痴聞き相談所」と改めて看板を掲げなくても、寺院で住職を勤めていれば、イヤでも檀信徒が、よろず相談ごとに訪れてくる。住職は、それを、茶を喫《の》んで待っていればよい。それでなくても多忙であるのが、さらに多忙になってしまうではないか。こういうご意見もあるだろう。

名刹・古刹、あるいはその地方の有名寺であったり、檀家が五〇〇から六〇〇家、あるいは一〇〇〇家もあるような寺院であれば、当然、檀家の管理だけで大多忙であろう。そういう寺院にとっては、本書は、まったく不要と思われる。

しかし、繰り返し述べるが、寺院のなかには、檀家が五〇家に満たない寺院がいくらもある。そういう寺院の方が多いとさえ言えるのである。

今や寺院は、圧倒的に世襲が多く、家業化している観があるし、専門僧堂は、道場という名の職業訓練所であり、僧侶の住職資格取得場となっている観はいなめない。

専門僧堂を出てきたあとは、副住職として、父親であり、師僧でもある住職が退山し閑《かん》栖《せい》和尚になることを、ひたすら待ちつづけることになる。副住職の日常生活とは、こんな風景である。

それも大寺ならよいが、たいていの寺では晋山《しんざん》しても、寺院の経営で頭を悩ませることになるのは、眼に見えている、そうなると、若いエネルギーを、どこにぶつけて良いものか、本気で悩むことになるのが、三〇歳前後の、青年僧・副住職たちの現実の姿ではあるまいか。

大学を卒業後、すぐに専門僧堂に掛塔《かた》して、三年経って、暫仮《ざんか》してくる。そして、副住職となってしまうのであるから、社会人としての生活を、ほとんど知らないままという状態になってしまう。これでは、檀信徒が、日常的な悩みを持ち込んできたとしても、まともな応答は出来かねよう。

この現実社会は、論理や規律だけで動いているのではない。情の世界もある。人情の機微を捉えて、相手の苦労を察してやることの難しさというのは、実社会で身につけていくものである。そうしたことを、すべて理解して、相談相手になっていき、ときには、疾病の愚痴や、健康の相談相手になっていくことは、形を変えた僧侶の修行の姿であり、現実社会との新鮮な接点であることは、間違いない。

そのとき、医療の知識をはじめとした、心理学や下世話な話まで、雑学がいかに必要であり、効果あるものであるかがわかってくる。

4　副住職の活躍の場作り

全国の寺院の現状は、住職自身が他に職業を持ち、何とか寺を維持しているというのが、本当のところだろう。

そういう父親の姿を見て育ってきている子弟たちのなかには、無理をして寺院を守り抜くことに抵抗を覚えて、自分の好きな職業を選択していくという例も、随所に見られるようになってきている。

このままでは、やがて世襲制も崩壊していくであろう。

寺院や、僧侶の生活が、そんなに楽しく、おいしい仕事であるようには、子弟たちに映っていないからである。それに、若い独身の青年たちが、

「実家は寺だ」

と、ガール・フレンドに言っただけで、

「お寺を継ぐの?」

と、聞きかえされ、

「長男だから仕方がないよ」

といった途端に、彼女の方が離れていく、という現実もある。

寺の嫁で一生をすごすことへの魅力が少なく、若い女性たちには、たまらなく嫌だという、一面があるのである。寺院で生活していくというのは、想像以上に大変だという印象を、若い女性に与えているのは確かである。

ここで重要なのは、そういう、アレもコレも十二分に知った上で、なお仏教者・僧侶として生活していこうと決断し、副住職となった若者たちが、若々しく仏教的活動をしていける場を、現住職たちが造りあげてやらねばならない、ということである。

若い僧たちの、生き甲斐、それも仏教的生き甲斐、菩薩行の実践が出来る場の確保である。具体的には「総合相談所」を、幾つかの寺院で協同して、アクセスの良い場所に造っていくというのも、重要なことではあるまいか。

そこは、寺院であって、寺院の匂いのしない場所であることが大切であるし、僧侶たちも、法衣を脱いで、相談者と同じ目線になって、ひたすらに、相談者の愚痴を聞くことに専念していく。そして、必要とあれば、あらゆる方法を用いて、相談者の悩みを取り除いてやる。

一つの仏教会に、一、二個所、そうした「総合相談所」が出来ていったら、状況は、随分と変わったものになっていくのに違いない。

「総合相談所」を、一寺だけで開設していくといっても無理があるだろう。より多くの人々の力が結集されて、一つのことに取り組んでいくことが理想である。

しかし、理想というのは、実現しないことの代名詞のようなところがある。現実的には、まず実行できるところから出発すべきである。

寺院が、多く集まれば集まるほど、意見は百出して、結局、舟が山に登っていく話になるのは、これまでの僧侶としての経験でも十分にわかっていることである。それよりも、小さくてもよい、有志の僧侶が、確実に相談所を開設して下さるのを希望している。

5　医師の限界、僧侶の出番

私の熱海分院の相談所には、これまで述べてきた、あらゆる悩みを抱えた人が相談にやってくる。

健康面での悩みというのが、実に多い。そして、ほとんどの人は、病院にもかかり、医師から薬品も貰って服用しているのであるが、思ったようには治癒しない。長年かけて壊した体である。根気よく健康体に戻していくしか方法はないのである。

現在の医療は専門分野が進み過ぎて、症状として顕れたことに対して、治療を施していく。検査方法も進んでいるところから、尿検査、血液検査の結果が、パソコンに打ち込まれ、その結果をマウス片手に説明していく。なお検査を必要とする場合は、レントゲン写真、エコー写真、MRI、あるいは内視鏡で診るといった具合いで、その症状に応じた処方のみを採用していくから、自然に症状の局部しか見えなくなり、その症状の遠因や、原因を探るといった、包括的な医療というのは、システム的に難しくなってくる。大病院や総合病院ほど、その傾向は強くなる。

「こういう生活をしていたから、こうした症状になってくるのですよ。したがって、生活の、この部分を改善して下さい」

と説明してくれる医師に出会ったら、それは間違いなく名医である。そして、実に親切な医師であると言えよう。

恐らく、現在の医療は行き着くところまで行きついたのかもしれない。ひたすら分科専門化していけば、やがて再び、包括的医療に戻り、〝予防医学〟が進歩していくことだろう。それには、健康保険の制度自体が、大きく変化しなくては無理であろう。医師の生活指導までが、きっちりと点数となって評価されるようにならなくては、症状の遠因までを究明して、患者の生活改善を指導していくということまでにはならないだろう。

そしてまだ当分は、患者は、欲求不満のままで、病院巡礼を続けていくことだろう。

病院巡礼は、患者たちが希望していることではない。患者たちの本音を代弁すれば、一個所の病院で、自分の不具合な症状をピタリと治してもらいたいのである。けれども、現実には、そんな風にドンピシャと治病出来る病院などは、滅多にあるものではない。

患者の個性と、病院や医師の個性がフィットしたときには、素晴らしい治病の効果を発揮するわけだけれども、それは実にラッキーなことなのである。

大部分の患者は、そうした病院や医師を求めて、転々としているのである。そして転々とする患者は、病院や医師にとって、決して好ましい患者ではない。嫌われるといっても良いであろう。それに、病院慣れした態度などから、医師に、

「転々としている患者だな」

とすぐに見抜かれてしまう。医師は、当然のことながら心理学の大家でもあるのだ。そうでなかったら、短い問診時間で、患者の症状をズバリと診察し診断することなど、出来るはずがないのである。

現状の医療を考えるとき、医師の限界が見えてくる。今日の医療体制のなかでは、それ以上を医師に期待するのは無理である。

転々としている患者は、人情から推察しても、それなりの扱いしか受けないものなのである。病院を回りつくした挙句にたどり着くのは、新宗教である。信者を一人でも増やしたい新宗教は、新しい折伏《しゃくぶく》のためのターゲットを常に探している。大病院の待合室は、そうした意味での、最高の草刈場《くさかりば》なのである。

「何々教の教祖様には、物凄い霊力があるのよ。どんな難病でも、ピタリと治してしまうのよ。案内するから、一度行ってみましょうよ」

入信させるためには、どんなおいしいことでも言ってのける。最高の宗教セールスマンでなくては、教団内での地位は上がっていかない仕組みになっているのである。

「ここだけの話だけど、タレントの××さん知ってるでしょ。あの人も、重い△△病だったのを教祖様に拝んでもらって、ピタリと治ったのよ。だから今でも、時間があれば、教団の本部に来ているわ」

タレントをはじめとする有名人は、教団にとっての絶好の広告塔となる。〝病気〟という、最大の弱味を握られて、それが治ると誘われて、新宗教に入信していく者は、実に多いのである。

これは、伝統的な折伏、布教の方法であるといってよい。

そもそもが、仏教が大衆から求められていたものが、第一に「治病」だったのである。仏教に限らず、宗教はすべてそうであろう。

その原点に立ち戻った、というよりも武器にして、大きく成長してきたのが新宗教であって、布教のノウ・ハウや、マニュアルの中に組み込んでいるのである。

しかし、その点で言えば、祈禱寺院は別にして、「葬儀・法要・陵墓」を基軸にしている寺院仏教は、その古典的ともいえる「治病・招福」のノウ・ハウをまったく武器にしていないのである。もったいないという言い方は奇妙だが、手法として、もっと利用されても良いのではないか、という気持ちになってくる。

まさに、この点こそ医師の限界、僧侶の出番なのである。その思いが、私に、熱海に分院の「よろず愚痴聞き相談所」を開かせた動機である。

正直に言って、まだ本腰を入れて分院の経営には当たっていない。それというのも、まだ自分で試運転の段階であると思っているからで、自分自身が、相談者に勉強をさせてもらっている段階であるといってもよいであろう。

けれども、菩提寺のきまっていない相談者のほとんどが、願行寺の檀家となって、陵墓までを造ってくれているのである。

「生前からのおつきあいが大事なんです。知らないお坊さんに拝まれるよりも、こうして相談に乗って下さっている、先生のお寺に入りたい」

と、言われるのに対し、

「私の方が先に逝《い》っちゃうよ」

などと答えているが、そこまで信用されているのだと思うと、悪い気持ちのものではないのである。

だからといって、無理をして、分院の相談者を増やすつもりはない。自然増になるのか、自然減になるのかはわからない。しかし、自然にまかせるのが良いと思っている。

6　医学の知識をもとう

相談者と話をする住職・副住職は、医学についての知識を、十分に勉強された方が良いと思っている。それは資格の問題ではない。

相談者は、必ずといってよいほど、健康問題を持ち出してくるからである。もちろんこれまでに述べたように、医師を紹介したり、病院に行くことを勧めるわけだけれども、やみくもに、病院行きを勧めてみても、どうにもなるものではない。

しっかりと、相談者の病状を受け止め、把握した上で、

「それだったら、こういう病院が良いですよ」

といった勧め方なり、紹介の仕方をしていかないと、相談者はたいていが患者のベテランで、何軒かの病院を回っているのである。あまり的外れな助言をすると、それだけで、住職・副住職の相談の力量を問われてしまったりもするのである。

しかし、医学の知識や、医薬の知識を、どこまで身につければ良いのか。別に医師になるわけではないのであるから、専門的な知識を必要とするものではない。

私は、家庭の医学を〝医の常識〟と考えるようにしているので、朝日新聞社から出ている『先進医療――』と、『ピルブックDB』の二つを、ノートパソコンにインストールして、折に触れて見るようにしている。

この二つだけでも相当量の、医学の知識になるが、インターネットをネットサーフィンすると、すごい数の検策数が出る。

けれども、いちいちネットサーフィンはしていられないので、先の二つと、カラーアトラス（人体解剖図）と、人体模型を置いている。骸骨（全体）と脊椎模形、内臓全体の模型、他に膵臓・十二指腸、痺臓の部分模型と、肝臓・腎臓を主体にした模型がある。

これで、成人病と呼ばれるもののほとんどは、具体的に説明が出来るようになる。相談のなかで出てくるのは、糖尿病・癌・血栓・卒中・腎臓病（泌尿器系及び循環器系）と、高血圧・低血圧、ＥＤ（性的不能）といったことや、肩、腰、肘、指先、膝の痛みや痺れといったことを訴えられる。

そのたびに私が例に出すのは、高級外車の話である。

「ベンツにしろＢＭＷにしろ、あれだけ高い自動車《クルマ》でも、何年か走っていると、必ず部品が痛んで交換する羽目になるんだよ」

と。それと同時に建築の話もする。

「家は木造で、二〇年から二五年で、会社の帳面上ではゼロになるの。コンクリートで六〇年だっていうけど、まだ六〇年経《た》っている家というのは滅多にないんだよ。終戦後、すぐに建てたコンクリートの家は、現在どうなっているのかなあ。見るも無惨なビルとか、家になってるでしょ。それを考えると、今、おいくつですか？　六二歳。私と同じだね。男は、歯・眼・摩羅、脚と駄目になっていくらしいね。私も新聞が読みにくくなってるし、歯はサシ歯で、アッチも、ま、ご想像におまかせしますけど、脚も筋肉が落ちてる。スポーツをしない、運動不足だっていうのは、十分にわかってるけどね。あっちこっち、部品にガタがきてる。加齢にはかなわないよ。あなたも同じでさ、腰が痛いのは、神経痛か、腰椎が曲がっているか、ヘルニアか、骨盤も変形してるよ、きっと」といった具合いに話をして、決して診断はしないで、病気に見合った病院に行くことを勧めるのである。

こうした話を、人体模型や、図柄を使って説明してやったりすると、案外、素直に、

「もう一度、病院に行ってみるかな」

と言ってくれたりする。まるで、病院の広報担当者みたいであるが、それで良いのだと思っている。病気を治すのは、医師ではなく、本人そのものなのである。

その本人に、闘病の意思を強く持たせるのはほかでもない、「愚痴聞き屋」こと僧侶の仕事なのだと信じている。

『ピルブック』に出ている医薬品も大切だが、最近ではサプリメントという、「健康食品」が、いろいろなメーカーから、次々と出ている。

これの情報を得ておくのは大変なことだが、大切なことである。貼る家庭用薬品もある。テープ（イオンテープ・チタンテープなど）といったものから、家庭用健康器具も売って

いるし、家庭用の検査用具も売っている。体温計なみに、血圧やら、体脂肪やらが計測出来るようになっているのである。

こういうところにも目配りが必要だし、食品についても知識が必要である。悪玉コレステロールには、卵は駄目、肉・魚の内臓類はダメであるから、イクラ、数の子、筋子といったものは駄目であるといった具合だ。

医学とともに、広く〝雑学〟が必要となる。

ペイオフのことから、生命保険や、贈与税や、相続税のこと等々、そのたびに、それは、弁護士、登記は司法書士、税金は税理士や会計士、特許のことだったら弁理士といったように、行き先を教えてやらなくてはならないのである。

したがって、医学辞典の隣に六法全書を置いて、その隣に料理の本を置くということになるのである。

さらに、相談だけでは、もう一つ決断の決定打に欠けるので、何か武器が一つ欲しくなる。

簡単なのは、占いを知っておくことだ。

7　占いは有力な手段

「占い」は、静かなブームを、息長く続けている。

若い娘たちが「△△の母」と呼び、長蛇の列を、路上の女性占い師の前に作っている。

まず、こうした「占い師」の良さは、女性たちが軽い気持ちで、何ごとかを占ってもらうというよりも、気軽に相談に乗ってもらっている、という感覚で接することができる点にある。

伝聞だが、こうした占い師で繁盛するかどうかの分かれ目は、〝当たる〟〝当たらない〟という以前に、依頼者の話を、良く聞いてくれるかどうか、というところにポイントがあるというのであった。

依頼者である若い娘たちは、家族や友人にも言えない悩みの数々を抱いていて、それを打ち明けられる〝場〟と〝人物〟を、探し求めているということなのであろう。

占い（相談）の多くは、密教の護摩祈禱でいうところの「敬愛《けいあい》」である。男女関係、恋愛、結婚、離婚、さらにはもっと深刻な、妊娠をしてしまったけれども、堕胎《だたい》しようか、出産しようかといった、もろもろの相談であり、その答えを求めての占いなのである。

彼女たちにとって占いは、どのような種類のものであってもよい。自分の進むべき方向に、トンと背中を押してくれるものが欲しいのだ。悩みを理解してくれ、その上でポンと押してもらいたいのに違いない。

だから、女性占い師の言葉というのは、聞くだけ聞いたあとに、厳しい言葉づかいになるという。それは、さながら説教同然であるというのである。まるで、叱られに行っているようなものである、というのだ。それが人気の秘密になっているという。うなずける部分がたくさんある。

迷っている者にとっては、言い切ってもらう言葉が、一番欲しいのである。

それに、現代の若者たちは、およそ叱られて育ってはいない。ほとんどが、過保護である。まして、若い娘となると、叱ってくれる者など誰もいない。チヤホヤされてきただけなのである。

だから、人生の岐路に立ったときに、本当に自分のことを思ってくれているのが誰なのか、混沌としている状態になって、街の占い師の前に立って、

「手相を観て下さい」

と手を差し出すことになるのだ。

甘やかされた世代の相談者が、街の女性占い師であるというのは、現代の日本を、余りにも良く象徴している気がしないでもない。

私は、八卦《はっけ》（易占《えきせん》）と、密教占い（『宿曜経《すくようきょう》』）を覚えた。

相談所という、一般大衆の悩みを聞き、一緒に微力ながら闘って行こうという考えになって、それこそが、寺院、僧侶の役割じゃないかと思って、分院を開き相談所を造ったときに、相談者を説得出来る武器が欲しいと思った。

一番手っ取り早い方法として「占い」という方法があった。

占いということでは、あの弘法大師空海が『御請来目録』に、『宿曜経』という〝密教占法〟の原点ともいうべき経典を載《の》せていることに気づいた。『宿曜経』の正式題名は大変に長いものである。『新脩大正大蔵経』（第二一巻、密教部四）の中に、経典番号一二九九として『文殊師利菩薩及諸仙所説吉凶時日善悪宿曜経（二巻）』が所載されている。不空訳となっているが、異説では、不空の作ではないかと言われている。現代の著作のなかでは、上住節子氏の『宿曜経』（大蔵出版刊）が、第一等の書籍である。私も同書で研究をさせてもらった。

易経による「八卦」も、不明のときに用いるようにしている。私は「八卦」が一番やりやすいので、得意のものから占うことにしている。

別に、相談者の全員を占うわけではない。希望者だけである。

占いに関しては、別途に志納金をいただく。相談料志納の中に入れてしまうと、無料サービスのような感じになってしまうからである。

何でもそうであるけれども、無料というのは効果のないものである。効果のないことは、やるべきではない。映画や音楽会、野球の観戦であっても、無料の券だと、観ていてもどこか身が入らないという側面がある。

ものごとには、身を切る部分が必要である。

禅宗の初祖、菩提達磨大師の挿話の中に、「慧可断臂《えかだんぴ》」がある。

達磨大師は、梵《インド》から中国にやってくると、少林寺嵩山《すうざん》の洞窟にこもること九年、一心不乱に坐禅三昧に明け暮れた。これを「面壁《めんぺき》九年」という。

やがて達磨大師の噂は、中国全土に弘まった。大師の噂を聞いて、多くの禅僧が大師のもとを訪れて、

「お弟子の端《はし》にお加え下さい」

と言ってきた志望者を、大師はすべて断った。しかし、なかにただ一人、断っても、断っても訪ねてくる者があった。他でもない〝慧可《えか》〟である。

「そんなに弟子にして欲しいのなら、お前が一番大切にしているものを、儂《わし》の所に持っ

て来《こ》い」

と言って再び坐禅に入ってしまった。

「私の一番大切なもの……」

ということで、慧可は、深く悩んだ挙句《あげく》に、自分の肉体の重要な一部である臂《ひじ》を切り落として、大師のもとに持参して、差し出した。大師はそれを見て、

「そんなものは要らん。何の役にも立たぬ。お前にとって、もっと、もっと大切なものがあるはずだ」

とにべもなく言い放って、再び坐禅三昧に入った。

「肉体よりも大切なもの？……」

慧可は断臂した自分の臂を見つめて呟くと、

「あっ！……」

と声を発した。

「心だ！」

と慧可は気づいたのである。

入門を許された慧可は、そののち禅宗の二代目になっている。

相談者は重い心を愚痴ることで、気が軽くなり、元気になる。その対価は相談志納料のなかに入っている。

占いについては、別途の志納料を頂くことにしている。なぜか、無料よりも、その方が効果があがり、相談者にとっても、

「気軽に、占ってもらえる」

と逆に好評なのである。

8　入り口を開いてください

　このところの中高年の自殺者の多さは、近年にあって、異常である。いずれも、企業倒産やリストラなどで失業して、思い余った中高年たちである。そのことは、葬儀を実際に執行《しぎょう》している私には、イヤでも、日常的データとして、骨身に染みてくるのである。

　失業した中高年が、愚痴る場もない。家族にも言えない悩みを抱えていることは、実感として伝わってくる。これを救うことは出来ないのか？　自殺という、最悪の事態からだけでも脱出させたい。

　しかし、具体的には、何も出来ない。寺院はハローワークでも、就職情報紙誌でもないからである。

　最近の内科、及び診療内科を訪れる人々の八割強は、本来の内臓疾患以外に、脳（神経・精神）を患《や》られているというデータがある。

ほとんどがストレスから、ノイローゼ、うつ症状、自律神経失調になって、「徘徊《はいかい》」「一人ごと（呟き）」「引きこもり」「不眠」「精神不安」「孤独症状」「自虐行為」等々に走っているという。

明白に普通の状態ではない。さまざまな悩みが原因で、それらの諸症状がつくり出されているのである。仕事上の条件のほかに、対人関係というものも加わっている。対人関係のなかには、仕事上の人間以外にも、妻や、子供といった、家族との関係が入ってくることもある。

男性の多くは、家族のために、嫌な仕事でも耐えて、通勤している。自分の働きで、一家を支えているという責任感もある。入社した頃には、仕事が面白いと思うこともあった。けれども、在社している内に、自分の意に染まない部署に、人事移動させられたりすることもある。

けれども、仕事である以上は、堪えなければならない。なかには、肌の合わない上司もいる。仕事であればそうした上司のもとでも、働かざるを得ない。そうした我慢の挙句《あげく》に、最近ではいつ職場を失うかもしれない、という恐怖も出てきている。

現代で、民間会社に勤めている者は、

「うちの会社は、大丈夫なんだろうか？」

という不安を抱いていないものは、いないといっても過言ではない。

大メーカー、一流商社、大流通企業と呼ばれているところでも、突然、ある日、より大きな会社に合併されたり、吸収されるのは日常茶飯事となった。外資系の会社も、虎視タンタンと日本の企業を狙っているのである。

もう、どんなことが起こっても不思議ではないというのが、日本の経済状況である。そのことは、一般社員の方が、ヒシヒシと肌で実感しているに違いない。

「今日は大丈夫だったが、明日はわからない」

という不安の中で勤務しているのである。

ストレスがたまらない人の方が不思議である。

これでは、胃もやられる。胃というのは、精神的なダメージを一番受けやすい部分なのである。男に限らない。消化器系が一番、神経に対して鋭敏に反応するのである。

そういう人たちの苦悩は、愚痴をこぼすことで、相当に癒《いや》されるのである。

それらの人々を、寺院が相談所になって、愚痴を聞く。それは、寺院の重要な役割になっていくのである。

街角の女性占い師の持っている魅力は、気おくれせずに入っていける安直さである。現代人が気楽に入っていける入口を一つ持つことができたら、寺院は大きく変わるであろう。そのキッカケが「よろず愚痴聞き相談所」には、確実にある。それが、これまで実践してみた、私の実感である。

さあ、住職・副住職の皆さん、入口を開いて下さい。

付録　副住職（若住職）のための『竪《い》法師養成塾』構想

1　相談は精神的格闘技です

副住職の方々のなかには、すでに特別な技能を持っている人もおいでだろう。弁護士の資格や教員の資格、あるいはコンピューターの技術、音楽、絵画、文学といった芸術の分野……。ぜひ、それらの資格や特技を十分に活用することである。

『竪道《いどう》』の世界は、幅が広く奥行が深い。それはそうだろう。竪道は、究竟《くきょう》すれば、仏道そのものとなるのである。

仏道の教えを根底に据《す》えて、救世《ぐぜ》の行《ぎょう》を積みつつ、伝統仏教の活躍の場を拡げて行こうという試みである。

まだ、何も完成していない。

それ故に本文で述べた通りに、熱海分院は、一切の宣伝をしないし、看板も出していなければ、名刺も作っていない。それでもクライエント（相談者）が、カウンセリングにやってくる。そして相談者はすべて、願行寺の新たな檀家になっている。こうした相談者のほかには、古い知人か、知人の紹介の人たちがやってくる。

病院では、どうにも扱えないクライエント（相談者）が、相談に来る。その最たるものが、「霊が憑《つ》いた」から始まる一連の相談である。クライエント（相談者）の個性にしたがって、手順を踏んでいくと、次第に相談者の訴求している霊の正体が明確になってくる。

霊が憑《つ》いたと言って来る人には、二つのタイプがある。一つは、本当に除霊を熱望している者。そしてもう一つは、霊が憑くのは、自分が霊能力に長じているのを認めてもらいたいと思っているタイプで、後者は、除霊の必要はない。霊能を認めてあげれば、喜んで帰るのである。

そこを間違えるとややこしくなるのである。なお、霊のことについて、もっと詳細に知りたいと思っている方は、拙著『霊性の探究』（国書刊行会刊）及び、『霊魂の書』（ノンブック・祥伝社刊）をご参照願いたい。宣伝ではなく、両書に、私の霊に対する基本的な考え方が述べてあるからである。

　私のところにくる相談の内容は、霊魂に関する恐怖、苦悩、不安等々から、夫婦の離婚、親子関係、子供のひきこもりなど多岐にわたっている。最近、多くなってきたのは、合法・非合法を問わず、ドラッグ（麻薬及びその代替品で、トルエンなど）に、子供が溺れているといった問題である。ドラッグに関しては、中毒症状まで進行した場合は、止《や》めさせようとしても、禁断症状の恐怖に負けて、再度、薬品を手にしてしまうことが、圧倒的に多い。既述したように、禁断症状からの脱出というのは、精神的格闘技といっても、言い過ぎではない。非常に苦しい作業であり、恐怖や不安との闘いなのである。とても一人で戦い切れるものではなく、どうしても、協力者が必要になる。場合によっては狂暴になることもある。こうしたときには、精神病院の施設にある、壁などにクッションを入れた安全室や拘束具が必要になるので、相談室では、手に負えない。入院が適切な処置ということになる。あらかじめ、そうした知識や判断が、カウンセラーには必要になってくる。とんでもない時代になったものだ。そうした薬害を受けている年齢層が、急速に低年齢層化していることも問題である。

さらには、家庭の主婦の間にも拡がっているというのである。暴力団の手先のような売り子から、「痩せ薬」として販売され、中毒症状になってしまうのである。女性のダイエット願望という弱点を衝《つ》いた、暴力団のビジネスとなっているのだ。「薬」は渋谷、原宿、六本木、新宿といった盛り場の街頭で、安直に入手できるという。不良外人が販売していることもある。もちろん警察も取り締まりをしているが、イタチごっこの感がある。

2 同志よ来れ!

話がそれたが、こうした社会の暗黒部分に関することも、相談される場合がある。「よろず愚痴聞き相談所」の面目躍如たるところである。いずれも小説やドラマの話ではない。現実の深刻な問題なのである。

こうした諸問題に立ち向かっていかなくてはならないというのは、容易なことではない。しかし、誰かが相談に乗らなくてはならないのである。

若い副住職諸僧にとっては、間違いなく、娑婆世間での修行となるし、救世《ぐぜ》の行《ぎょう》そのものとなるはずである。若い時の精神的格闘の積み重ねは、必ずや、自分の血肉にもなるものと、確信している。

私は、現在、私が実践している「豎法師」としての活動を、大いに真似てもらいたいという希望を持っている。

特に、若い副住職たちに、檀信徒との接点として、積極的に、豎法師の手法を取り入れて、檀信徒と同じ悩みの土俵の上に立つということが、いかに大切か。このことを実感して欲しいのである。

そのために、私の考えに共鳴してくれる副住職が出てくれるのなら、私のノウ・ハウを提供するために、塾の形式をとって、一から伝授したいと思っている。もっとも、それには、それなりの人数が揃わなくては、開塾のしようがないのが、現実的な悩みである。ぜひとも、若い副住職のみなさんが、参加してくださることを願っている。

もちろん、すべてがまだ白紙である。やってみなくては判からないというのが本当のところである。「豎法師」などというと、訳のわからない、胡散臭《うさんくさ》いもののように思われてしまうかもしれないが、豎法については、すでに、くどいまでに説明している。それ以外のなにものでもない。既述したように、方法論は幾つもある。どれか、得意の分野を、身につけることが大切だと思う。

そうした方法論を身につけて、檀信徒たちの相談に乗っていったら、次代の住職となる副住職の信用は圧倒的なものとなるに違いない。副住職時代の過ごし方次第で、住職になってからの信用というものは、まったく異なったものになる。それでなくとも、菩提寺の噂というものは、とかく拡がっていくものである。副住職の時代から信用を得ていれば、自分の出番となっても、信用が変化することはなく、檀信徒さんたちの支持を受けるのは間違いないことなのである。

あとがき

どういう意味でも、どんな世界でも、大切なのは、未来を担《にな》っていく若い力を育てることである。仏教界も例外ではない。現在の仏教界は、残念ながら、若い人たちが競《きそ》って入ってくる世界ではなくなっている。

外部から新たに入る人的資源が豊富であるとは言えない。しかし、内部に若い人がいないわけではない。明治以降の流れとして、寺院が家業化し、世襲がごく普通の状態になってきたのは、周知のことである。

世襲は両刃の剣であって、マイナスもある反面、プラスもある。たとえば、世襲のために、他（在家など）から人材を登用しにくいという側面も出てきてはいる。けれども、世襲でなかったら、法灯が消えかねない小さな寺院が在《あ》ることも、現実なのである。

檀家が千家近くもある大寺院の、経済的な事情だけを見て、

「お寺は良いな」

という世間一般の人たちの意見は、ある意味で、巨木一本のみを見て、山全体を見ていない面がある。

さらには、時代的な社会背景として、日本全体に、信仰心が希薄になっている面もある。信仰どころではない、毎日生活していくことの方が大変なのだ、という生活しにくい社会状況になっているのも確かだろう。

毎日、報道されることも、明るいものは滅多になくて、政治家や官僚の失態ばかりが伝えられてくるし、現実の長い不況も、いつトンネルを脱出するのか、その糸口さえ見えてこない。これでは、寺院に参詣どころではないであろう。

しかし、現実を直視すれば、そうした困難が予想される状況のなかで、副住職は住職となって、寺院の屋台骨を背負っていかなくてはならないのである。

地方の郡部の寺院のなかには、愉快な話ではないが、寺院の主たる収入源である葬式が、年に一度であったという寺院もあるのである。その場合、住職は何らかの形で職を他に求め、その収入で生活を支えているのが、現実である。

このような親の生活を幼い頃から見ていれば、何も、辛い修行をしてまで、寺の後継者になろうなどとは思わなくなってしまうのは、当然である。

寺院の子供に生まれたという理由だけで、必ず寺院の後継者にならなければならない、というのも、子供の側に立ってみたら、奇妙な理屈に映り、すんなり承伏できるものではないだろう。

そうした状況のなかで、出家得度をし、仏道の修行に入り、副住職となり、やがては住職として寺院を継承していくということは、第三者が想像する以上に、当人にとって悩みの多いことであろう、と想像できる。

副住職たちが、置かれた立場ゆえの悩みを解決し、若い力を発揮することこそ、最も重要な点である。次代の仏教興隆を担うのは、まぎれもなく、この若い力である。

仏教はさまざまな伝統の継承を、大切にしてきた。それは新たなことを拒絶し、古き伝統から一歩も出ないという姿ではない。伝統の本質を守りながら、時代の変化に対応してきた柔軟な姿である。

住職の持つ本質の一つは、仏弟子の養成と仏法（法灯）の継承である。かつては、在家の少年が、幼き日に小僧として仏門に入ってきた。師匠（住職）は厳しい徒弟教育で鍛えた。これが住職の、後継者養成と仏法（法灯）継承の、揺るぎない最良の方策であった。

今日《こんにち》の、寺院世襲の流れは、新たな伝統である。

私は前に、

「僧侶にとって、葬式坊主は誇りの言葉だ。僧侶をおいて、誰が死者に引導を渡せるのか。人の死にまつわることのなかで、永遠に変えてならぬものは、死者の霊魂を鎮魂し、浄化し、癒し、供養することだ。」

と書き、本書の「はじめに」にも再録したが、僧侶のもつ役割の大きさと託されている使命への、熱い思いは今も変わらない。同じく、寺院世襲の流れについて、

「現代にあって、寺院の世襲は仏法を守り、人材を育成し、仏法を継承してゆくための、新たな伝統なのだ」

と胸を張って強調したい。必要なのは、この新たな伝統のなかから、新時代に対応した人材育成の方策が示されねばならないことである。

すなわち、「副住職のための住職講座」の開設の必要性の強調である。本書はその第一冊目で、

「住職、副住職の出番です」

という活躍の場を示したいと思い、本書をまとめてみた。本書が、一人でも多くの読者（住職・副住職）に理解されて、

「次は、自分の出番だ」

と、納得し、実践の場に立つのに役立つものとなることを、願ってやまない。

このたびの「副住職のための住職講座」の企画を引き受けて下さった、国書刊行会の佐藤今朝夫社長に、心からの謝意を表するものである。

さらに末筆となったが、編集担当の国書サービスの割田剛雄氏には原稿の整理や足らざるを補っていただき、校閲担当の国書刊行会の畑中茂氏には大変お世話になった。改めて感謝の言葉を記して擱筆したい。

平成一五年六月

著者　誌す

牛込覚心（うしごめ・かくしん）

略歴
昭和十五年（一九四〇）東京・浅草に生まれる。昭和四十五年、牛次郎《ぎゅうじろう》の筆名で作家としてデビュー。昭和五十六年、野性時代新人文学賞受賞。昭和六十一年、臨済宗妙心寺派医王寺にて出家得度。同寺学徒。平成元年、静岡県伊東市に、転法輪山願行寺を建立、開山。平成八年、願行寺、文部大臣認証の単立寺院となり、管長兼住職となり現在に至る。

著書（仏教関係の主なもの）
『生と死の般若心経』（スコラ社）『生と死の観音経』（東明社）『心をこめた先祖供養』『自然体の般若心経』（ベストブック社）『自然体《あるがまま》で生きる』（産能大出版）『臨終』（カッパブックス・光文社）『霊魂の書』（ノンブックス・祥伝社）『臨済宗 枕経・通夜・忌日説法』『葬式の探求』『墓埋法・墓地改葬の探究』『坊さんひっぱりだこ』『霊性の探究』『話の泉 一休さん一〇〇話』『沢庵和尚 心にしみる88話』（国書刊行会）など多数。

現住所（〒四一三―〇二三一）
伊東市富戸一一六四―七　転法輪山願行寺

「お寺さん」出番ですよ

平成一五年　九月二〇日　印刷
平成一五年　九月二八日　発行

著　者　牛込覚心
発行者　佐藤今朝夫
発行所　株式会社　国書刊行会
〒一七四―〇〇五六
東京都板橋区志村一―一三―一五
TEL　〇三（五九七〇）七四二一
FAX　〇三（五九七〇）七四二七
http://www.kokusho.co.jp
E-mail:info@kokusho.co.jp

組　版　㈲国書サービス
印　刷　㈱エーヴィスシステムズ
製　本　㈱石毛製本所

落丁本・乱丁本はお取替え致します。
ISBN 4-336-04579-8　C3015